飯柴智亮
聞き手・小峯隆生

JN178178

金の切れ目で
日本から本当に米軍はいなくなる

講談社+α新書

はじめに

前著『2020年日本から米軍はいなくなる』では、中国の日本への増大する脅威、特に、中国が先制攻撃で、中距離ミサイルを大量発射した場合、在日米軍が全滅する可能性が出てくる、と指摘した。

常に敵の第一撃からアウトレンジにいることを念頭に置く米軍にとっては、日本から撤退する選択肢もあるということを述べた。

今回の撤退は、米国の事情によるものだ。

米国次期大統領候補となったトランプは、選挙活動中にこう明言した。

「日本は在日米軍駐留経費を出せ。出さないならば、撤退だ」

トランプが大統領になれば、それはつまり、米軍最高司令官ということだ。

「日本から撤退する」との命令が出てから、米軍高官が、「いや、その、何の撤退作戦計画もありません」では、許されない。

「お前はクビだ!!」とトランプが、TVで言っていた有名な台詞が発せられるだろう。トランプのこの撤退発言が出た瞬間から、米軍内部では日本撤退作戦計画が現実に立案されていると言われている。軍隊は、如何なる事態へも対応を考えておかなければならない。就任してからでは遅いのだ。ヒラリーでもまたしかり。

そこで極秘裏に立案されている在日米軍撤退作戦計画を、今回も飯柴智亮元米軍大尉に、推測、分析、説明して頂いた。

飯柴氏は、アフガニスタンで実戦を経験した元米陸軍情報将校である。退役後、トロイ大学大学院で国際政治学・国家安全保障を研究し、修士を取得。現在は米国で、ミリタリー・アドバイザーとして活躍されている。(小峯隆生)

◉目次

はじめに　3

第一章　現実味を帯びる在日米軍撤退

厳しいアメリカの財政状況　12
日米同盟見直しの機運　18
日米安保は、アメリカに不利　20
新しいアメリカの「内戦」　24
米軍撤退は一日でできる　30
米軍駐留経費の請求額　33
日米同盟解消にかかるコスト　37
「第二の黒船」がやってきた！　40

第二章　米中戦争と日本のゆくえ

在日米軍なしの戦争の様相　44
米中戦は、すでに始まっている　49
日本の立場はどうなる？　54
米軍に期待されていない自衛隊　56

第三章　在日米軍の費用

思いやり予算は、超お手頃価格　66
自分で費用を稼ぐという発想　68
日本にも輸出すれば稼げる兵器がある　70
ビジネスのセンスが国を助ける時代　74

第四章　同盟解消から日本国防軍への選択

日本が直面するミサイル・ギャップ　86

日本における長距離ミサイル開発の可能性 88
結局はアメリカ次第の武器開発 92
日本核武装の是非 97

第五章 新自衛隊の目指す道
展開する米軍を守るための軍隊 104
自衛隊に何が必要なのか 109
理想的な攻撃自衛隊を考える 114
現実的な攻撃自衛隊をつくる 117
アメリカが儲かる軍隊こそすべて 118
在日米軍なき後の自衛隊増減案 120
具体的な交代撤退計画 123

第六章 普通の国の憲法9条
憲法9条の想定「相手国」 134
騒ぐのは3ヵ国だけ 138
軍隊が動くための条件 140

第七章　まったく新しい抑止力を求めて

日米同盟に代わる「同盟」 146
国を守るために重要な政治家の舵取り 149
日本のＮＡＴＯ加盟のメリット 152

第八章　在日米軍は削減できる

じつは多すぎる在日米軍 158
総兵力を４分の１にする方法 162
沖縄基地問題解決への道筋 164
基地施設の使い道 167

おわりに 171

All contents are UNCLASSIFIED.

第一章　現実味を帯びる在日米軍撤退

厳しいアメリカの財政状況

――在日米軍撤退は現実になるのでしょうか？

そうせざるを得ないアメリカの経済状況があります。左ページのグラフを見れば分かるように、現在のアメリカは赤字です。

米国政府の財政状況を、一般家庭の家計に例えて説明すると、年収５００万円で、支出が５７０万円、借金が1億円と言えるでしょう。

――普通の家ならば、夜逃げです。

まさにそういう状況です。相対額が大きいので、何とかまだ回せているだけの話です。ですがこれを続けていたら、破産するのは間違いありません。

この表を見れば分かるように、90年代に赤字だったのをクリントン大統領が、一生懸命やって、１９９８年に黒字にしました。

――クリントン、凄いじゃないですか！

ところが、ブッシュ前大統領がネオコンの口車に乗せられて馬鹿な戦争を始めたものですから、その後はもう散々で、酷《ひど》いものです。

米国の国家としての赤字金額の推移

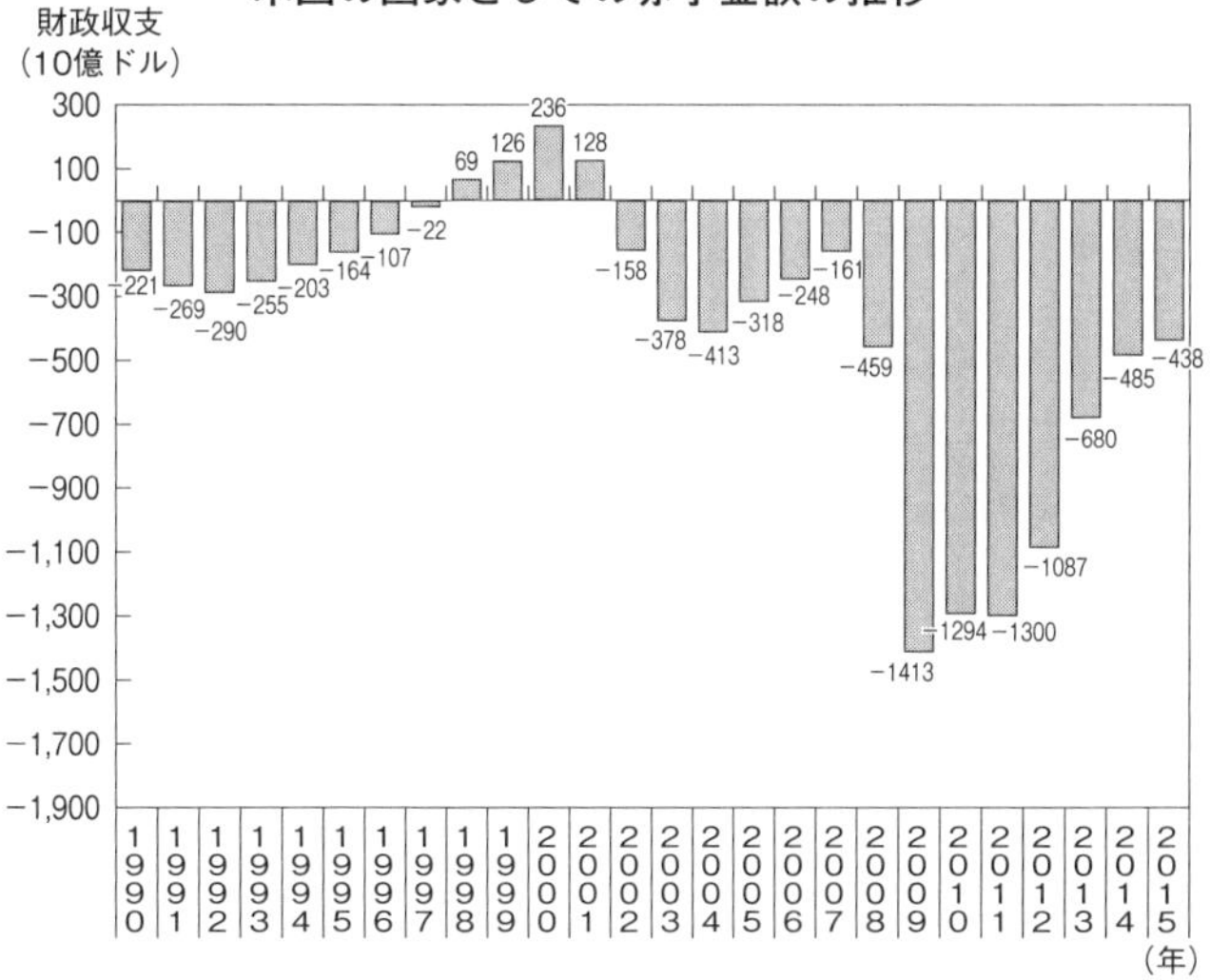

出典：http://www.mofa.go.jp/mofaj/na/na2/us/page25_000342.html
アメリカ合衆国　2017年度予算教書。外務省

——2001年の9・11は、ビンラディンからのNYテロの先制攻撃でしたよ。

　アフガニスタンだけならば、良かったんです。イラクに行く必要はまったくありません。私はイラク戦争には反対でした。これは私の周辺の人間に聞けばすぐに分かります。派兵以前から反対の立場でした。アフガニスタンだけならば、赤字の額は少量で済んでいたかもしれません。

——2002年に赤字1580億ドル、2009年には、

米国軍事費の推移

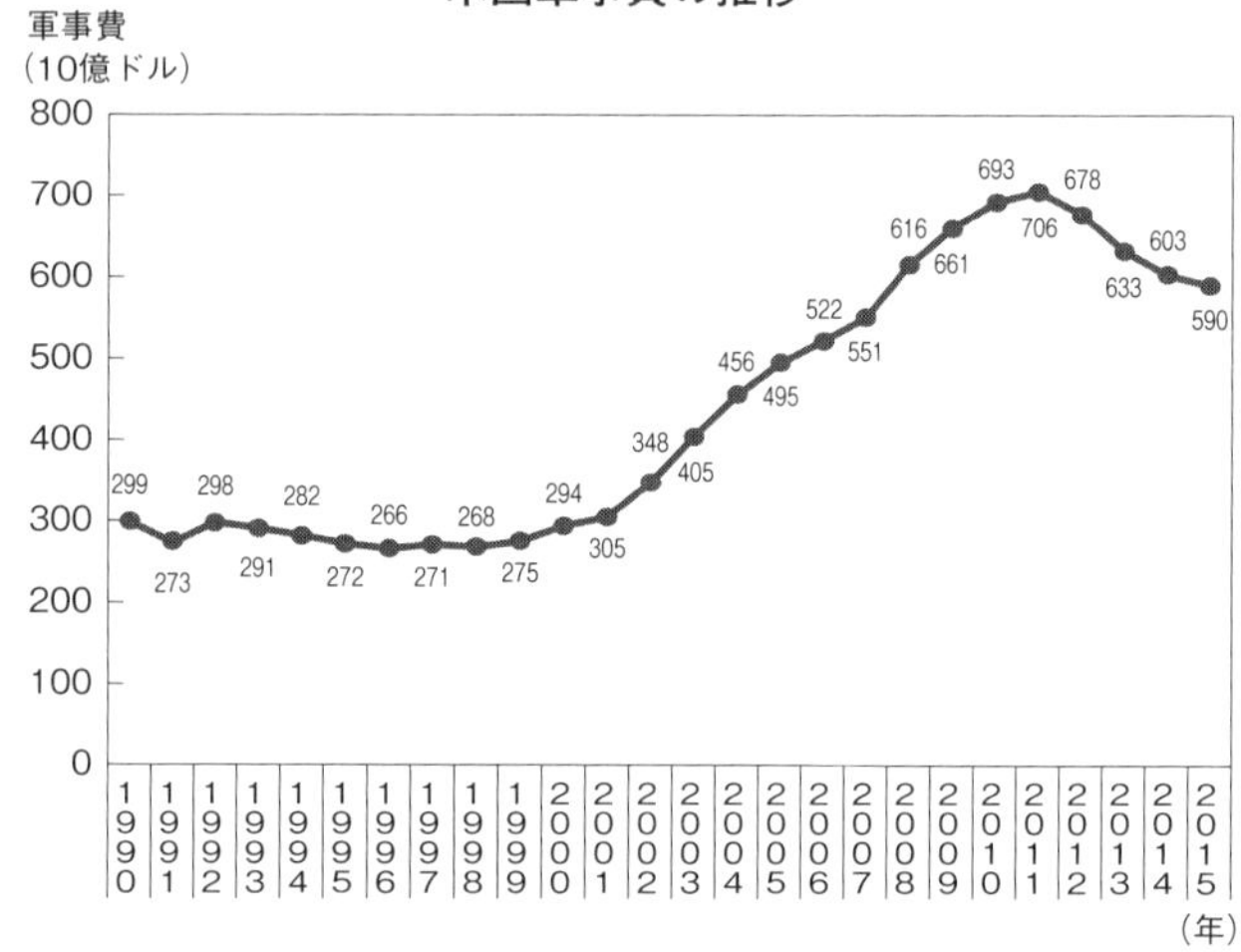

出典: https://www.whitehouse.gov/omb/budget/Historicals
Table 3.1—Outlays by Superfunction and Function: 1940-2021の050 National Defense:　Total, National Defenseより1990~2015年を抜粋

1兆4130億ドルの赤字。これは凄い。

　そのあと、オバマ大統領になって、これではヤバいというわけで、赤字を必死に減らしてきました。ですがまだ焼け石に水の感があります。それだけ2000年代の戦費が凄かったんです。戦費の増加と財政赤字は密接に関係しているのは、二つのグラフを比較すると一目瞭然です。また、戦争が終われば同時に支出がストップするわけではありません。撤収作業にも金はかかる、また負傷した将兵には除隊後も一生の間、相当額を払う義務がありますから、それらの支出もかなりの額になります（国防費ではなく、退役軍人保障省／Department of Veteran Affairsの予算から出る）。つまり戦争を始めると、出費は後々まで尾を引くんです。

――トランプが大統領になったら、どうアプローチしてくるんですか？

トランプは、なんといってもビジネスマンですから、PL（Profit and Loss）を重視します。利益と損失だけで見てきます。数字だけを見て、日産のカルロス・ゴーンのように、無意味なコストをガンガン切り捨てて利益を上げていくやり方を取るはずです。

――その中に在日米軍撤退も入りますか？

間違いなく検討対象に入っています。

とにかく、アメリカには金がありません。支出の中で一番の無駄は、軍事費です。だから、軍事費の割合を削るために、他の取れる所から取り、削れるコストは最大限削り、利幅を上げるのは、ビジネスの常道です。

目指すは、国家予算の黒字化ですから。

——そうなると、トランプは分が悪いですね。クリントンは黒字にした実績がある。その奥さんのヒラリーに任せればいいのでは、となる。

そうなればいいんですが、ことはそう単純ではありません。アメリカでは去年出た『クリントン・キャッシュ　外国政府と企業がクリントン夫妻を「大金持ち」にした手法と理由』（ピーター・シュヴァイツァー著　LUFTメディアコミュニケーション）がいい参考になります。映画化もされていますが、これを読むとヒラリーの金の集め方はかなり悪辣《あくらつ》です。

特に、なりふり構わず、クリントン財団に中国やロシアから金を引っ張ってきています。献金者には国務長官時代にその立場を利用して便宜を図ってきました。戦略物資であるウラン鉱の発掘権までも敵国が取得することを暗黙のうちに了承しました。これは見方によっては国家反逆罪に等しい行為です。実際にそういう認識の専門家は少なくありません。

——中国やロシアにいっぱい借りを作って、アメリカを黒字化させたのですか？

簡単に言うとそうですが、長い目で見ると、アメリカにはこのやり方は良くないと思います。

トランプのやり方のほうがまだマシです。ビジネスのPL（利益と損失）だけで判断していますが、中国などの外国には借りを作っていません。

――それが、ヒラリーになると？

中国は、米軍が東アジアから撤退することを望んでますから、裏取引があるかもしれません。

――ヤバいであります。

ヒラリー大統領となれば、一時的な黒字になるかもしれませんが、アメリカは静かなる死（Slow Death）を将来、迎えることとなります。

トランプ大統領の場合、過激ではありますが、逆に米国が再生する可能性がありま す。ヒラリーの施策にはその可能性がありません。

――中国の方がアメリカより一枚上手ですか？

そもそも中国は国家百年の大計がある国ですが、アメリカには、それはないですから。

――間に挟まれた日本は？

速攻の圧死か、じりじりと殺されるか。

——いずれにしても、滅亡なんですか？

そうならないように、何とかするのがこの本の目的と言っていいでしょう。

日米同盟見直しの機運

——トランプは、NATO（北大西洋条約機構）に対してはどんな態度をとっているのですか。

アメリカに対してきちんと同盟の義務を果たしているのかチェックして、それから行くか行かないかを決める、と明言しています。これは100%、その言葉通りです。欧州諸国は、軍事防衛はアメリカにおんぶに抱っこなのです。

取れる所から金を取る。NATO諸国ももちろん、その対象に入っています。

元々、共産圏のワルシャワ条約機構軍に対抗して出来たのが、NATOですから。その親分のソ連は、今、存在しません。

だから、NATO加盟国は、自国防衛はアメリカ任せのところが多いです。

——アメリカの台所事情が火の車だから、これは、利益と損失で見直さざるを得ない。

そうです。何度も繰り返しますが、アメリカには金がない。だから外国から取るしかないのです。

――NATOと同時に日米同盟の見直しは必ずやってくる?

間違いないと思います。日本はNATO諸国より、金は取り易いですから。

――トランプは日米同盟のPLに関して、「日本は在日米軍駐留経費を出せ、出さないならば、撤退だ」と言っています。これは、もし大統領に当選したら、現実になりますか?

闇雲《やみくも》に撤退するのではありません。まず、日本は中国に抜かれましたが、なんといっても世界第3位の経済大国です。

その意味としては、「お前ら、金もこれだけあって、さらに、空自はF15戦闘機を200機以上も持っていて、米軍におんぶに抱っこで、国防を担って貰っているのはおかしいんじゃないか?」ということです。

――しかしですね、1945年8月の、日本が呼ぶ終戦という名の敗戦以来、在日米軍は「ビンの蓋《ふた》」と言われています。即ち、蓋が開けばビンの中から、日本がもう一度、大日本帝国となって外に爆発して、アメリカを攻撃してこないようにしていたの

ではないですか？

70年以上を経過して、今日、状況は大きく変化しています。しかし、在日米軍が撤退したら、形は異なりますが蓋は開くことになりますね。

――ビンの中から何が飛び出すのか、よく考えないと、ビンは割れて、日本は滅亡ですよ。

そうでしょうね。

――そんな他人事のように。

自分は日本生まれですが、米国市民権を有する米国民ですから。当然ですが、米国の国益を最優先に考慮します。米国民としてしごく当たり前の行為です。母国であろうとも友好国の国益は米国の国益を確保した上で、二の次、三の次です。

日米安保は、アメリカに不利

――それは、存じ上げています。ではトランプは、「日米安保は米国に不利、これを改定する」と発言してますよね？

ハイ。じつは日米安保はアメリカにとって、非常に不平等な条約です。

何しろ日本が危機になったら、助けなければならないけれど、米軍が危なくなっても、日本の自衛隊は助けなくていいわけですから。これはおかしいでしょ？

——そう決めたのは、アメリカではないですか？

二丁拳銃の米軍が、右手の拳銃で敵と戦いながら、左手の拳銃は日本の頭を狙っていて、「動くなよ、撃つぞ」としているのが、日米安保ですよね？

1945年の暮れ辺りは、確かにそうでした。またそれが正しいと思われる選択でもありました。しかし、数年後にアメリカは後悔しているんですよ。

1950年に始まった朝鮮戦争で、すでに日本陸海軍を武装解除したことに「あっ、しまった」と思ったんですよ。もし、温存していて、日本海軍の援護が半島の東海岸側からあれば、戦況は違っていましたね。

——それは、敗戦国の軍隊だから、滅茶苦茶な使い方をされたかもしれない。

有名な国連軍の朝鮮半島西海岸、仁川《インチョン》上陸の時に、旧大日本帝国軍で構成される新日本軍が、東海岸に陽動上陸攻撃する囮《おとり》に使われて、「お前ら、全滅するまで、国連軍が助かるように、戦えよ」と言われていたら、あの時代の日本ならば、飲まざるを得ないでしょうね。

そうですね。それに当時の朝鮮民族はまだ潜在的に日本軍が怖かったはずですから、勝利できた可能性は大いにあります。歴史を語る上で〝イフ〟は禁句ですが、そうしておけば、その後の冷戦の流れは大きく変わっていたはずです。

——この「アメリカの不利を改定する」というのは、アメリカ市民からすれば、「当たり前だろ」となるのですか？

アメリカの感覚ではそうです。日米安保条約を良く読めば、1年前に通告すれば、破棄することが可能です。両者の同意は要らず、どちらかが一方的に破棄を通告できるんです。

日本は、国防をちゃんとやらないと、アメリカに切られますよということですよ。

——水と安全と在日米軍はタダと思っているのが日本人ですからね。

相当深刻な状況です。日本はもっと危機感を持たなければなりません。

——ヒラリー候補が大統領になれば、日本人は無邪気に「あー、良かったー、これで大丈夫だ!!」となりますね？

そうはいきませんよ。アプローチの仕方は違いますが、ヒラリー政権においても日米安保の見直しは絶対にあります。

ヒラリーは、中国に強く出られない立場ですから。その中国と裏取引しながら、日本に対しては表面上は有利に見える条件を持ってきて、実のところはもっと要求をつり上げる謀略を巡らせてくるでしょう。

——米中だけで話を付けておくということですか？

そうです。中国と裏取引しながら、将来的に日本が中国に対して不利になるように持っていくと思います。とにかくヒラリーはクリントン財団に寄付・献金する連中には便宜を図りますが、しない連中の言うことには一切耳を貸しません。中国は献金するどころか、クリントン財団の中核に中国系アメリカ人を置いています。日本はまったく献金しておりません。となるとヒラリーがどちらの言うことを重視するか、言うまでもありません。「じゃあ日本も負けずに献金したらどうだ？」という意見もありますが、現在の日本の財力では中国にかないませんし、民主主義国家ですから、邪《よこしま》な予算の使途は難しくなってきています。日本にとっては非常に厳しい現状と言わざるをえません。

新しいアメリカの「内戦」

――トランプにヒラリーと、なぜ日本にとって受難としか言えない候補が残ったのですか？

今のアメリカは、国の富の90％を握る人口のわずか1％の超高額所得者がすべてを持ってコントロールしています。

民主党左派のサンダース候補が、大統領予備選挙で、あそこまで善戦したのも、民主党支持層が、この現実にＮｏと言ったからです。

また、共和党も主流派候補が次々といなくなった中で、自己資金だけで、戦った泡沫候補トランプが、大統領候補になったのは、既存の支配体制にアメリカ市民は嫌気がさしているからです。

――何でそうなったのですか？

これは、共産主義が冷戦時代に既に予言していたことなんです。奴らが何と言っていたか？

「資本主義では、金持ちはどんどん金持ちになって、貧乏人はどんどんと貧乏になって、最終的には破滅する」

今、考えると、この点において奴らの言ったことは正しいじゃないかと思えてきますよ。

——どうして急に今、こんなふうになったのですか？

冷戦中にやらなかったのは、超高額所得者たちにモラルと自覚があったんでしょうね。

レーガン大統領がソ連を「悪の帝国」と呼びました。だから、鉄のカーテンの手前のこちらは、「善の帝国」だから、こちらは正しくて、向こうは悪い。

「富む者には責任がある」と言いますが、一人ひとりにそんな自覚があったから、限度を超えるまで滅茶苦茶にはやらなかった。

——冷戦が終了して、悪の帝国がなくなったから、上位1%たちは、収奪を開始して、富の90%までを蓄積した。これって、戦争になりませんか？

なります。90年代前半に私が学んでいた大学の政治学の教授がこう言っていました。

「アメリカは近いうちに内戦が起きるよ」

それは、南軍と北軍が銃で撃ち合うモノではない。

――持てる者と持たざる者の戦いでありますか？

そうです。金持ち対貧乏人、白人対黒人、イスラム教徒対キリスト教徒、そんな衝突が絶対に起きるからと言っていましたね。

――その教授の予言はすべて当たっているじゃないですか!!　南北戦争どころか、東西南北上下戦争じゃないですか。

その通りです。新しい「内戦」です。

――白人警官が黒人を射殺して、元米陸軍、元米海兵隊で実戦経験をした元兵士の黒人が次々に警官を射殺している。キリスト教徒対イスラム教徒は、全世界で戦争状態になっています。ローマ教皇様も「第三次世界大戦だ」と仰っているほどです。

それが、一挙にすべて来ましたね。

――日本にも余波が来るわけですね！

それこそが、在日米軍撤退と言っていいでしょう。

――トランプとヒラリー、ふたりの「撤退」はどう違うんですか？

トランプは、いわば「金勘定における在日米軍撤退」。対してヒラリーは、「米中裏

アメリカ空軍三沢基地配備のF-16C

アメリカ空軍嘉手納基地

三沢基地
在日米空軍　第35戦闘航空団
第13戦闘飛行隊13FS　F-16CJ/DJ　20機
第14戦闘飛行隊14FS　F-16CJ/DJ　20機
在日米海軍　三沢海軍航空施設　第7艦隊巡回・調査部隊
第209電子戦飛行隊VAQ-209　EA-18G　5機
P-3C、EP-3など12機
（出典: インターネット上の複数の情報源より）
横田基地
在日米軍司令部
管理部隊:米空軍第374空輸航空団
常駐機 C-130輸送機、C-12輸送・連絡機、UH-1Nヘリコプター
主な飛来機　C-5大型輸送機、C-17大型輸送機など
（出典: http://www.toshiseibi.metro.tokyo.jp/base_measures/15April_Japanese.pdf
平成27年4月東京都「横田基地の軍民共用化に向けて」東京都都市整備局）
キャンプ座間
配属部隊:在日米陸軍司令部、第一軍団（前方）司令部、在日米陸軍基地管理本部など
（出典: http://www.city.zama.kanagawa.jp/www/contents/1190783310552/index.html　座間市「キャンプ座間」）
横須賀海軍施設
管理部隊:在日米海軍横須賀基地司令部
海軍通信隊第７潜水艦群司令部
母港:米第7艦隊旗艦の揚陸指揮艦ブルーリッジ、原子力空母ジョージ・ワシントンなど
（出典:http://www.pref.kanagawa.jp/cnt/f4937/p128173.html　神奈川県「横須賀海軍施設」）
厚木基地
第102戦闘攻撃飛行隊VFA-102　F/A-18F　13機
第27戦闘攻撃飛行隊VFA-27　F/A-18E　13機
第115戦闘飛行隊VFA-115　F/A-18E　11機
第195戦闘攻撃飛行隊VFA-195　F/A-18E　11機
第141電子攻撃飛行隊VAQ-141　EA-18G　6機
（出典:インターネット上の複数の情報源より）

在日米軍施設と展開兵力

車力分屯基地

2007年6月にアメリカ軍の移動型Xバンドレーダーである AN/TPY-2レーダーが設置
(出典: http://www.mod.go.jp/rdb/kinchu/tpy-2/data/tpy-2_about.pdf近畿中部防衛局)

佐世保基地

MCM-7パトリオット	掃海艦「アヴェンジャー級」
LSD-42ジャーマンタウン	ドック型揚陸艦「ホイッドビー・アイランド」級
LHD-6ボノム・リシャール	強襲揚陸艦「ワスプ」級
MCM-10ウォリアー	掃海艦「アヴェンジャー級」
LSD-48アシュランド	ドック型揚陸艦「ホイッドビー・アイランド」級
MCM-9パイオニア	掃海艦「アヴェンジャー級」
MCM-14チーフ	掃海艦「アヴェンジャー級」
LPD-20グリーン・ベイ	ドック型輸送揚陸艦「サン・アントニオ」級

(出典: http://www.city.sasebo.lg.jp/kichisei/documents/kichidokuhon-3.pdf
佐世保市「基地読本　基地の歩み その1 米軍関係」)

米海兵隊岩国基地

第242海兵戦闘攻撃（全天候）飛行隊VMFA（AW）-242	F/A-18D	11機
第122海兵戦闘攻撃飛行隊VMFA-122	F/A-18C	10機
第214海兵攻撃飛行隊分遣隊VMA-214（Det.）	AV-8B＋	6機

（出典: インターネット上の複数の情報源より）

経ヶ岬通信所

2014年12月よりミサイル防衛用移動式早期
警戒レーダー「Xバンドレーダー（米軍TPY-2レーダー）」が運用開始
(出典: http://www.kyoto-np.co.jp/info/shakai/x_band/
2014227_21.heml 京都新聞社、共同通信社)

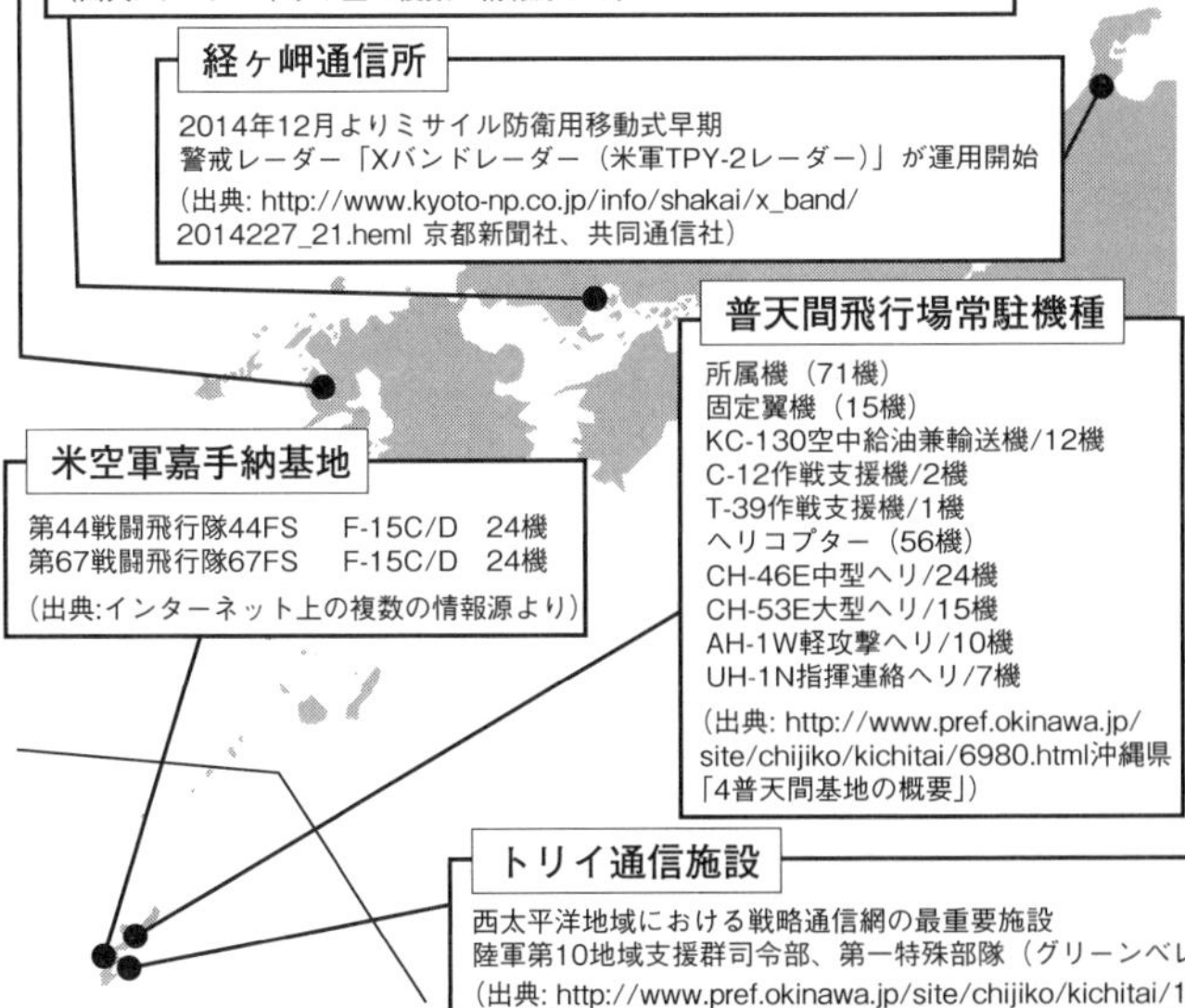

普天間飛行場常駐機種

所属機（71機）
固定翼機（15機）
KC-130空中給油兼輸送機/12機
C-12作戦支援機/2機
T-39作戦支援機/1機
ヘリコプター（56機）
CH-46E中型ヘリ/24機
CH-53E大型ヘリ/15機
AH-1W軽攻撃ヘリ/10機
UH-1N指揮連絡ヘリ/7機
(出典: http://www.pref.okinawa.jp/
site/chijiko/kichitai/6980.html沖縄県
「4普天間基地の概要」)

米空軍嘉手納基地

第44戦闘飛行隊44FS	F-15C/D	24機
第67戦闘飛行隊67FS	F-15C/D	24機

(出典:インターネット上の複数の情報源より)

トリイ通信施設

西太平洋地域における戦略通信網の最重要施設
陸軍第10地域支援群司令部、第一特殊部隊（グリーンベレ
(出典: http://www.pref.okinawa.jp/site/chijiko/kichitai/12
沖縄県「FAC6036トリイ通信施設」、http://heiwa.yomitar
3151.html「読谷バーチャル平和資料館」)

取引ありの、高度な謀略における、最終的には日本に不利となる在日米軍撤退」ですね。

――これは日本にとって「極悪vs最悪」の対決ですね！　だとすれば日本が撤退するのはありですか？

は？　どこから、どこへ、撤退するんですか？

――鎖国です。

鎖国しても中国などは、向こうから勝手に来ますからね。

――日本は日本から出られず、日本から撤退も出来ない。

進退窮《きわ》まった状態からの、日本の未来です。

米軍撤退は一日でできる

――在日米軍の陸海空の軍の規模を考えると、何やかや言っても撤退は、数年はかかるんでしょうか？

米軍は展開も速いし、撤退もおそろしく速いです。そういうことに世界で一番慣れている軍隊です。

アメリカ海軍佐世保基地遠景

――フィリピンのクラーク基地から米空軍が撤退する時、全部いなくなるのに、48時間というデータが残っています。

今はもっと速いですね。三沢と嘉手納の作戦機は、大統領の撤退命令が出れば、2〜3時間で全機いなくなります。

――えっ、そんなに速く?

敵から攻撃を受けたと思ってください。48時間もいれば全滅です。最初の30分でどれだけ作戦機を出せるかが問題です。

撤退は、敵の攻撃の恐れはありませんが、トランプならば、「速くしろ」と言ってくるのは見えています。軍としては、最高司令官に良い所を見せたいもの

アメリカ海軍佐世保基地に配備される強襲揚陸艦

なので、本当に速くいなくなるでしょうね。

——大所帯の沖縄の米海兵隊と、普天間基地の航空部隊はどうですか？

自分が所属していた82空挺師団は、緊急展開部隊でしたが、常に緊急待機でしたから、一番速い旅団は、2時間で出撃準備を完了していました。海兵隊は、命令があってから、出撃するまで、18時間です。

——すると、沖縄の基地問題は、18時間で解決するのですか？

いろんな立場の人から見ると、そうなります。

——佐世保の米海軍海兵隊揚陸部隊は、

どのくらいですか？

海軍は命令があってから、24時間で出撃です。

——佐世保の米海軍海兵揚陸艦隊は、24時間で空っぽになる。

海兵航空隊のある岩国基地は、2〜3時間ですね。

——横須賀の第7艦隊は、空母艦隊です。これは、時間がかかりますよね？

出撃待機態勢に入っている空母艦隊は、24時間で全艦出撃します。

——すると、大統領の撤退命令が出て、議会が承認したら……。

24時間で、在日米軍の実動部隊は、日本から撤退します。

——「24時間テレビ」を見ているうちに、在日米軍はいなくなる。

米軍駐留経費の請求額

——24時間とはいわず、いくら払ったら、在日米軍はいなくなっちゃいませんか？

説明しましょう。仮にトランプ大統領になった場合を想定して、説明していきます。

——その方が日本にとっては、少しマシなんですよね？

第５空母航空団が駐留するアメリカ海軍厚木基地

そうです。米国で調べると、在日米軍は、年８０００億円の経費が掛かります。

日本からの思いやり予算が２０００億円ですから、米軍は６０００億円を払って、日本に駐留しています。

だから、ざっくりですが、年１兆円の駐留経費を払えば、トランプ大統領は納得しますね。

——防衛予算が1年で5兆円ですから、そこから出すならば、20%の予算規模となります。

安いもんですよ。昔、１９９１年の湾岸戦争に１３０億ドルを日本は米国に払った実績もあります。

3000m級滑走路を誇るアメリカ空軍嘉手納基地

――あの頃は、日本はバブル景気でありまして、今では低成長で、既に終わった国ですから、払えません。

あっ、それから、トランプ大統領は、それとは別に初年度経費として、25兆円を要求して来る可能性があります。

――何ですか、それは？

91年で終わった冷戦までは、日米には共通の敵ソ連がいた。それ以降は、いないから、その分も払えと言うことですよ。25年分だから、25兆円。

２０１７年は、まず、26兆円を支払ったら、在日米軍はいてくれます。

――日本の国家予算が１００兆円ですから、25％ですよ。それは無理ですよ。

だから、ビジネスマンのPLで考えるトランプ大統領と交渉ですよ。
日本の米国の安全保障への貢献度等を考慮してもらうように持って行きます。その分を差し引いてもらうとか、分割にしてもらったりして、要するにそこは交渉次第です。

――では、そうお願いします。

下手な交渉をすると、2年払いで1年15兆円ね、と言って来ます。

――合計30兆円になっているじゃないですか？

利子ですよ。

――そ、そんな、『闇金ウシジマくん』の世界じゃないですか？

米金トランプくんは、甘くないですよ。

――でも、一年で一兆円ずつ払えば、米軍は日本にいてくれるんですね。

多分、やるでしょうね。

――多分じゃ困りますよ、自衛隊は5兆円の予算の中で、8000億円を削って防衛するんですよ。

それで、済むんだったら、安上がりですよ。

洋上給油中の第７艦隊所属空母打撃群

——いやー、こうなったら、日本側から、日米同盟解消ですよ。

いくら、かかるか、知ってまっか？

——えっ、闇金トランプくん的な聞き方であります。

日米同盟解消にかかるコスト

——『コストを試算！　日米同盟解体』（武田康裕、武藤功著　毎日新聞社）という本があります。

それによると、22兆～24兆円かかると、試算されています。

それは、安過ぎまんな。

——大尉殿、その闇金屋的な発言、怖いであります。

その本では、日米同盟を解体して、日本単独で防衛するのを、在日米軍の戦力をそのまま、補完するだけで良しとしています。

これは、元米軍将校から見ても、甘いとしか言えません。

——同じだけ、あればいいじゃないですか？

第7艦隊の空母1隻と作戦機80機だけの代替えで、何するんですか？

——自衛ですよ。

足りません。空母1隻運用するには、空母3隻。飛行隊は少なくとも4個飛行隊320機いります。

——あっ!!

さらに、防護するイージス艦2隻、原子力潜水艦1隻などのFleetつまり艦隊が必要です。

——そうでした。

さらに、海兵隊揚陸艦隊を1個艦隊だけ持っても意味なしです。3個艦隊必要です。

——すると、24兆円では？

全然足りません。

――3倍の72兆円……。

そこは、無駄大国の米国に対して、省エネ大国日本です。たとえば日本国自衛隊は、第1空挺団に空挺降下作戦（Ａｉｒｂｏｒｎｅ）とヘリボーン作戦（Ａｉｒ Ａｓｓａｕｌｔ）ができるように訓練しています。米国の空挺師団は空挺降下しかできません。あのように、コンパクトにまとめる才能があります。

私を含めた専門家の意見を総合して、約60兆円としておきましょうか。

――だったら、在日米軍にいて頂いたほうが日本はお得。

それは間違いのない事実です。楽ですよ、アメリカにとってみれば。いなくなるだけでいいんですから。

――いやー、60兆円に冷戦以降の分、25兆円を足して85兆円は用意できませんよ、今の日本には……。その問題は、２０１７年１月には確実に、日本に突き付けられるということでしょうか？

そうです。アメリカの方がアッパーハンド、交渉の主導権は持っていますからね。

――ハイ。日本の戦後、アメリカに頼ってきた国防のツケが回って来ました。

「第二の黒船」がやってきた！

——これは、第二の開国ですか？

そうなります。

——歴史を振り返ると、19世紀に米国、ペリー提督が率いる黒船艦隊がやってきて、日本に蒸気船戦艦と搭載火砲の近代兵器の圧倒的な威力を見せ付けました。対する江戸幕府軍は、17世紀の火縄銃と大筒、残りは甲冑《かっちゅう》、槍、弓、刀。

それでは、勝負になりません。

——それで江戸湾の喉口を抑えて、武力で開国を迫って、1年後に開国。

その15年後に明治維新です。大日本帝国となって、富国強兵で日清、日露戦争に連勝。世界五大国に名乗りを上げたが、そこまで。太平洋戦争で米英連合軍と戦い、原子爆弾2発を叩き込まれて、終戦という名の敗戦。

そして、米陸軍、マッカーサー元帥が、占領軍だけど日本の呼び名は進駐軍。それがやってきて、占領。徹底的に、大日本帝国陸海軍の牙を抜いた。

朝鮮戦争で、その武装解除をマッカーサー元帥は後悔したでしょうね。

――マッカーサー元帥は、憲法9条と日米同盟で、日本に軍事的鎖国を施した。吉田茂首相は、「軽武装で経済で行く」と決めて、戦後の高度成長を呼び込んだ。

吉田は国防はすべて在日米軍任せにした。とすれば、トランプがやってることのインパクトは、マッカーサー元帥よりもペリー提督に近いですね。

――たしかにそうであります。しかし、ペリー提督とはやってることが逆であります。ペリー提督は、圧倒的な黒船艦隊の武力を見せつけて、開国を迫った。

トランプは、圧倒的な日本にある在日米軍の戦力を、「撤退させて、全部なくすぞ」と、マッカーサー元帥の施した軍事的鎖国からの開国を迫ってくる。

たしかに、ペリー提督の逆です。70年間、平和を他人の力で楽しんだのだから、いいじゃないですか!!

――いや、でも、「金出さないと、すべて、撤退だ」で、初年度26兆円でしょ。「日米同盟解消だ～」で、60～85兆円かかる。

在日米軍がいても、1年1兆円。しかもトランプ大統領はいつ値上げを通告して来るか分からない。最悪ではないですか？

初年度26兆円として、それから毎年一兆円でも日本の国防としてはとてつもない安上がりです。しかし、鋭い人はすでに気づいたかもしれませんが、これはただの延命策に過ぎません。

——日本は死ぬんですか？

ハイ。「第二の開国」をまっとうして根本的に変わらなければなりません。

——その前に、何で、日本は死ぬと言えるんですか？

これから起こるであろう米中戦争、または日中戦争のシミュレーションをすれば、はっきり分かるでしょう。

第二章　米中戦争と日本のゆくえ

在日米軍なしの戦争の様相

――中国は、既に自国の外へ侵攻を開始しているのですか？

もうしています。南シナ海が良い例ですが、さらに他に理由があります。

――なんでありますか？

今、米国の貧困層にとって、毎日生活していくためには、安価な中国製品が必需品になっています。だから中国は、米国の国内需要にとって重要な工場地帯と言えるでしょう。

考えてみれば、戦後の日本は、造船、鉄鋼、車、電器製品、コンピューターと、米国産業のコピーをしながら、やがて本家を凌駕《りょうが》するようになりました。

今、中国がこれと同じように、アップル、マイクロソフト、グーグル等をコピーして、それらとライバルになる企業が現れ始めました。

――それは、以前、大尉殿から教わった2国間の勝敗を決めるDIME※のうちの、E＝エコノミー、経済での侵攻が中国は可能になったということですね？

そうです。１９８０年代、日本は米国にE＝経済で挑戦してきました。通常は、そ

※DIME　D（Diplomacy外交）、I（Information情報）、M（Military軍事）、E（Economics経済）

射程1700km以上の東風21準長距離弾道ミサイル

の後は、M＝ミリタリー、軍事での挑戦と続くはずですが、日本はそれができませんでした。

——当たり前ですよ、日本には在日米軍がいて、ビンの蓋機能で、日本が米国に軍事的挑戦なんてできませんよ。

ええ。しかし、今の中国に対しては、アメリカは抑える手立てを正直、持っていません。

——ヤバいじゃないですか!!　そう言えば、中国海軍の軍港の出口に、米第7艦隊の基地はないですもんね。

はい。しかし、フォース・プロジェクションと言って、戦力をどこまで展開できるかという能力からすると、今の中国は、アメリカまで攻めて行けるかというと、不可能です。だからアメリカはとりあえず安全です。

——中国はどこに侵攻を開始するんですか？

海ならば、南シナ海、東シナ海。陸ならば、ベトナム、モンゴル、西のスタンズ(Stans)とアメリカが呼ぶ、つまり末尾にスタンが付く共和国（ウズベキスタン、カザフスタン、タジキスタン、トルクメニスタン）ですかね。

——何、余裕をこいているんでありますか？　日本全土が含まれているではないですか？

ハイ。そこは、米国本土ではありません。

——では、何故、中国は南シナ海に、あんなに人工島要塞を作って、頑張るんでありますか？

核兵器所持国が、国際社会で発言権を強くするためには、自国の生残性を強くしなければなりません。

21世紀の今、それを保証するのは、海深く潜んでいる核弾頭付弾道ミサイル搭載（ＳＬＢＭ）の原潜です。

自国で開発した中国空軍J-10戦闘機

すると、水深の浅い東シナ海では、ミサイル原潜の運用は難しい。

そこで、水深の深い南シナ海です。海底地形が複雑で、深い所は4000mある。ミサイル原潜が活動するには、最適の海です。再確認しますが、原潜からのSLBMはFirst Strike Weaponです。非常に重要です。

——だから、南シナ海にこだわる。

ハイ、さらにもう一つ理由があります。沖縄米軍、それから、在日米軍、在韓米軍のエネルギーは本土から来ていません。中東からです。マラッカ海峡から、南シナ海を通って来ます。

台湾、日本もそのシーレーンを通って

中国空軍H-6U給油機とJ-10戦闘機

原油を輸入していますね？

――ハイ。すると、南シナ海を抑えると、日本、韓国、台湾、さらに、在日在韓米軍のエネルギーをストップできる。

そうです。だから、アメリカは、そこは譲れないとして、南シナ海で「航行の自由作戦」を始めました。しかし、ここは、中国からみても、国家の生命線。両方とも絶対に譲れないわけです。中国が南シナ海に人工島を築いてあれほど強行に自国領土と強調している理由は、そうしておけば米国は同海域で対潜哨戒任務を行えなくなるからです。ですから「航行の自由作戦」と作戦名まで付けて必死に対抗しました。この名前は建て前で、

「対潜哨戒飛行の自由作戦」というのが米国の本音です。

米中戦は、すでに始まっている

——いつ戦争が勃発してもおかしくないではないですか?

思いっきり、ヤバいですよ。しかし、じつは米中戦は既に開戦されています。

——どこで、ですか?

中国が唱えた超限戦は始まっています。中国が戦争に勝つためには、戦場だけではなく、どこでも手段を選ばず勝つ。それは、サイバースペースのネットから、経済、文化、そして宇宙空間までです。

米国内では米中スパイ戦は熾烈《しれつ》がなっています。

この前、台湾出身の米海軍少佐が、4月に中国本土に向かう旅客機の機内で逮捕されました。中国系米国人のFBI職員がスパイ容疑で有罪になりました。

その他には、民間人中国人技術者が、電磁カタパルトの技術を盗もうとして逮捕されました。

——すでに米中は開戦している。

それは、それで、頑張って頂きたいのですが、ここでは、「在日米軍がいなくなった日本は、どーなってしまうのか？」について、聞きたいであります。日本では、軍事に詳しい偉いひとが、「在日米軍がいなくなっても、世界4位の軍事力を持つ自衛隊がいれば、大丈夫だ」なんて主旨のご発言をされています。

その考え方は根本的に間違っています。さらに物理的にも間違っています。日本特有の根性論ですね。

——日本防衛を担う自衛隊は、現状のまま、在日米軍なしで、日本を守れますか？

全然、ダメです。

——在日米軍なき日本を、中国はどう攻めてきますか？

まず、台湾です。在日米軍がいなくなった、翌日に来ます。ここを中国が取るか取らないかで、もう、日本の運命は決まりますね。

——トランプ大統領が、「台湾、韓国、日本辺りはもうどうでもいい、だから、米軍は出さない」と決めたら？

最高司令官が決めたら、米軍は行きませんよ。

——台湾を取った、次は？

中国空軍JH-7A攻撃機

南西諸島の島を一つずつ取って、沖縄に来ますね。

——沖縄には、我が精鋭空自50機のF-15戦闘機と、海自の対潜哨戒機が十数機いるであります。

那覇空港の端に、半径500mの円内に密集していますよね。中国軍の中距離ミサイルの第一撃で全滅です。

——精鋭陸自の旅団がいます。

空海の戦力のない太平洋戦争の帝国陸軍はどうなりました？

——玉砕であります。

そうなります。自分は軍隊で学んだのですが、気合の入った大隊長が上司になった時、

「常に各自5m間隔で行動しろ。食堂で並ぶ時もだ」と言われました。基地は安全だから、何で、こんな面倒臭いことするんだよ!! と思いましたが、アフガニスタンに出征した時、実感しましたね。

前進基地にいる時、敵から砲弾が基地の中に撃ち込まれましたからね。5m間隔でいたので、全滅しなくて、すみました。

集中しないのは、軍隊での基本です。

——では、沖縄は中国の手に落ちました。次は？

中国は、沖縄に米軍並みの基地と戦力を蓄えてから、さらに東の島々を取って行きますね。チベットでもそうでしたから。

——九州まで取りますか？

北海道の先まで、全部、取るでしょう。中国の戦略はそうですよ。

——日本にいなくなった米軍は来てくれますか？

米国は今、東西南北上下戦争が始まっていますから、海外よりも国内の内戦を終わらせないと……。

——トランプではなく、ヒラリー大統領ならば、どうですか？

中国海軍上海基地を出港する揚陸艦洞庭山

中国と裏で話を付けて、「九州、四国と、少しずつ、全部取って行ってもいいわよ」となる可能性も否定できません。

クリントン財団に多額の献金を中国から受けてます。だから、中国の言うことはなんでも聞きますよ。実際問題、中国はすでに「太平洋の住み分けをやろう。西半分は中国が管理し、東半分は米国が管理しようじゃないか」という提案を持ちかけています。持ちかけられた太平洋軍司令官は当然この要求を突っぱねましたが、ヒラリーは条件次第では全面的もしくは部分的に応じる可能性があるでしょう。太平洋の西半分、つまり日本全土はモロに入っています。

100mm砲を搭載する中国陸軍04A/08式歩兵戦闘車

――トランプより酷いじゃないですか。

そうですよ。日本の自衛隊は、70年かけて、米第7艦隊と米空軍を守るために整備されてきましたからね。

その在日米軍がいなくなったのだから、日本を守るなんてことは、絵空事です。

――頑張ってきたんですが……。

御苦労様です。中国が日本を取りに来る前に、日本上空と近海で、米中戦争が起きるかもしれませんよ。

日本の立場はどうなる？

――日本国内では、「日本に米軍基地があるから、日本は戦争に巻き込まれる」

モンゴルで多国間合同演習に参加する中国陸軍の兵士

という意見があります。

在日米軍が、24時間で撤退してしまえば、日本から米軍基地は一掃されてなくなります。故に、日本は戦争に巻き込まれることは一切なくなりますよね。

そうでもありませんね。むしろやり易くなったと思って下さい。米中が真正面から激突する時、そこに日本国民がいようがいまいが、日本の真上と周辺で、存分に戦争をしますね。

米軍基地が日本にないので、そこには、米軍兵士と米軍属がいないので、心行くまで、戦えますね。

――遠慮なしにですか?

遠慮していれば、こちらがやられま

す。やると決めれば、遠慮なしにとことん戦うのが米軍です。

――では、ヒラリー大統領ならば、平和になりますか？

裏で中国と話を付けますね。

「お互いに本土以外の所で、戦争して、終わりにしましょうね」で、中国が、「それでは、日本辺りで、存分にやりましょうか？」「イイですわね、それは」と言う感じで取引きしますね。

お互いに本土攻撃なしの戦争ならば、戦後の話し合いも楽です。

――戦場になった日本はどうなるんですか？

酷い事になっているでしょうね、我々は、関知できませんが。

――だったら、トランプ大統領だったら、日本は無事ですか？

トランプはビジネスマンですからね。「こっちは、米国に必要な安いモノを作ってくれる中国本土は叩かない。だから、お前んところもよ、こっちの消費地をやるのは止めてくれ」とビジネスライクに呼びかけますね。

米軍に期待されていない自衛隊

中国陸軍兵士

——やはり、日本は再び、焦土に。

結局、アメリカ人は日本を信用していません。

米軍の立場から言わせてもらうと、米中戦争になった時、日本の助けなんか、これっぽっちも期待してないですからね。

——えっ、日米同盟として、60年間、積み上げた信頼関係とか……。

期待はしていませんし、自衛隊は、直接的戦力になってませんから。感覚的にはスピードバンプですかね。

——なんですか、それは？

駐車場の入口に付いている道路から膨らんでいる部分ですよ。車の速度を下げるための仕掛けです。

——では、空自の300機近い戦闘機と海自のイージス艦のある艦隊、陸自の最新式戦車は、あのボコンとした出っ張りなんですか？

はい、ハッキリ言うとそういう認識です。中国軍が攻めて来る時に、ほんの少し進撃速度を落してくれると思いますよ。

——そ、そんな。毎年、5兆円も注ぎ込んでいるのですよ。

少し、役に立つからいいんじゃないですか。

——無駄な毎年5兆円なんですか？

ハイ。野球に喩えるならば、米中戦をしている時、ボールボーイをやってくれということですよ。

——野球チームに入ってないじゃないですか？

そうです。雑用をやって、自衛隊は、両軍の邪魔になるなということです。だから、米軍は自衛隊を戦力としては考えていません。

——日本人の一人として、自衛隊の一ファンとして、泣いてもいいですか？

あっ、どうぞ。でも、泣いている暇はないですよ。

日本は、２０１７年から巧く国家の舵取りをしないと、踏んだり蹴ったりになる可能性があります。まず、国家の指針をきちんととることです。これがないのは羅針盤がない船に等しい状況です。

——国家の指針は、どうしたらいいんですか？

１９８２年のフォークランド紛争の時に、英国を支持するかしないで、当時の日本の鈴木善幸首相が、「戦争はいけない」とか、「日本は憲法９条があるから」と煮え切らない態度の結果、結局、支持しなかった。それで、サッチャー首相から、鈴木善幸首相は怒られていましたね。

このように態度を明確にしないから、アメリカからも信用されず、中国にいいようにやられる結果になりますよ。ここで自分が第一軍団のＧ２に所属していた時分、ブリーフィングの話を例として、国家の指針がいかに大切かを紹介しましょう。

中国が台湾を軍事侵攻した場合のシミュレーション演習時でした。私が、「台湾が中国に侵攻された場合、米国は台湾を支援して、対中軍事行動を起こすわけですが……」と言った時に、おっかないので有名なＧ３の大佐が怒鳴るように言いました。

「ちょっと待て！中国が台湾を進行するまではいいが、そうなった時に米国が台湾を支援するために軍事行動を起こすとは誰が言ったんだ？　お前の意見か？」

　まずこの大佐の質問の主旨について説明します。陸軍の参謀本部はＧ２が敵情報のみをブリーフして、それを元にＧ３が作戦計画を立てて（COA Development）、司令官が決定します。ですのでＧ３はＧ２が作戦に口出しするのを最も嫌がりますし、越権行為と言っても間違いありません。ましてや私はこの時、戦術・作戦レベルの下級将校の立場でありながら、国家／軍事戦略レベルの発言をしたのです。周りを見渡すと、私の上官であるＧ２の大佐と目が合いました。

「マズイ発言をしてしまったな……どう収拾させる？」

　と大佐の目は言っていました。

　私は深呼吸してから言いました。

「誰が言ったとか言わなかったとか、そういう問題ではなく、根本的な問題です。わが米国は民主主義国家のリーダーであり、台湾は間違いなく民主国家で、米国の友好国です。その台湾が共産主義国家である中国に軍事的に蹂躙《じゅうりん》され、いかなる理由があっても、米国がそれに対して何も行動を起こさなかったらどうなるでしょうか。米国は他の同盟国からの信用と信頼をなくし、民主主義という観念すら崩壊してしまいます」

周りを見渡すと、大佐の後ろに座っていた副官の中佐や少佐たちが、私の発言を聞いて頷いているのが目に入りました。一呼吸置いたところで、大佐が口を開きました。

「……わかった、続けろ」

その後、無事にブリーフィングを終えた私に、上官のG2の大佐が声をかけてくれました。

「飯柴中尉、さっきはよく言った！」

ここで私が言いたいのは、国家の指針がいかに大事かということです。これは国家が人間の集大成である以上、個人でも同じです。しっかりとした信念と指針を持っている国家はブレませんし、その信念が正しければ、周りは自然とついてくるものです。

――米中戦争の結果はどうなれば、いいんですか？　日本は焦土。さらに全原発は、中国ミサイルの攻撃を受けて、メルトダウン中。大変なことになっているんですよ。

米軍からしてみれば、知ったこっちゃないです。米軍としては三沢近くの車力分屯地のレーダーと、京都の米軍経ヶ岬通信所にあるXバンドレーダー、横須賀と佐世保の海軍用港湾施設が残っていてくれれば、後はどうでもいいですね。

――そ、そんな……。日本が……。泣いてもいいですか？

どうぞ……。米軍は、先ほど言った基地と施設が機能すればいいんですよ。

――日本周辺で、米中戦争が勃発して、戦場になる。空自は空戦、海自は海戦を必死に戦いますよ。日本を守る自衛隊ですから。中国からミサイルが豪雨のように降ってきて、日本国民は、1週間位で全滅ですよ。そして、空自作戦機は全機撃墜、海自艦艇は全艦轟沈。しかし、陸自には戦車軍団がいます。

どこで、使うんですか？　冷静に考えてみてください。日本の地形で戦車の使い道はまったくありません。対戦車戦闘は自分の専門中の専門です。その自分が言うんですから間違いありません。

――64式小銃と89式小銃に着剣した陸自の十数万人の精強なる歩兵の銃剣突撃があります。

それすら、する場所がないじゃないですか？

――着上陸してくる中国軍に対して……。

太平洋戦争の米軍のように、飛び石みたいに日本列島は飛ばしますよ。日本は勝手に餓死でもなんでも、滅べばいいと中国は考えてますよ。

——大尉殿、日本の自衛隊の装備って、これ対中国戦ではまったく役に立たないじゃないですか？

まったくもって非効率的です。だから、自分は心が痛いんです。

——やはり、在日米軍は、いてもらわないとヤバいです。その1兆円の経費を1年で稼ぎ出す方法はなんかないでしょうか？

あります。

第三章　在日米軍の費用

思いやり予算は、超お手頃価格

――毎年、１兆円の駐留経費を払う前に、日本には思いやり予算という形で、１９７８年から払っているんですよ。

それはもちろん自分も認識しています。英語では、Ｈｏｓｔ Ｎａｔｉｏｎ Ｓｕｐｐｏｒｔと呼んでいます。

――聞いて下さいよ、大尉殿。最初は「接受国支援」で、62億円です。

タダみたいなもんですね。

――それで、それが思いやり予算と名を変えて、１９９３年には２０００億円を超えました。

あの湾岸戦争で１３０億ドル払ったから、それだけ払えるんだろ？　と言われたんでしょうね。

――そして、１９９９年度に２７５６億円まで、増えました。

米国ではクリントン政権で、軍事費は大幅にカットされていました。その余波が日本に来ましたね。この頃から取れる所から取る、という方向性になったのかもしれま

日本の自衛隊予算の推移と思いやり予算の占める割合

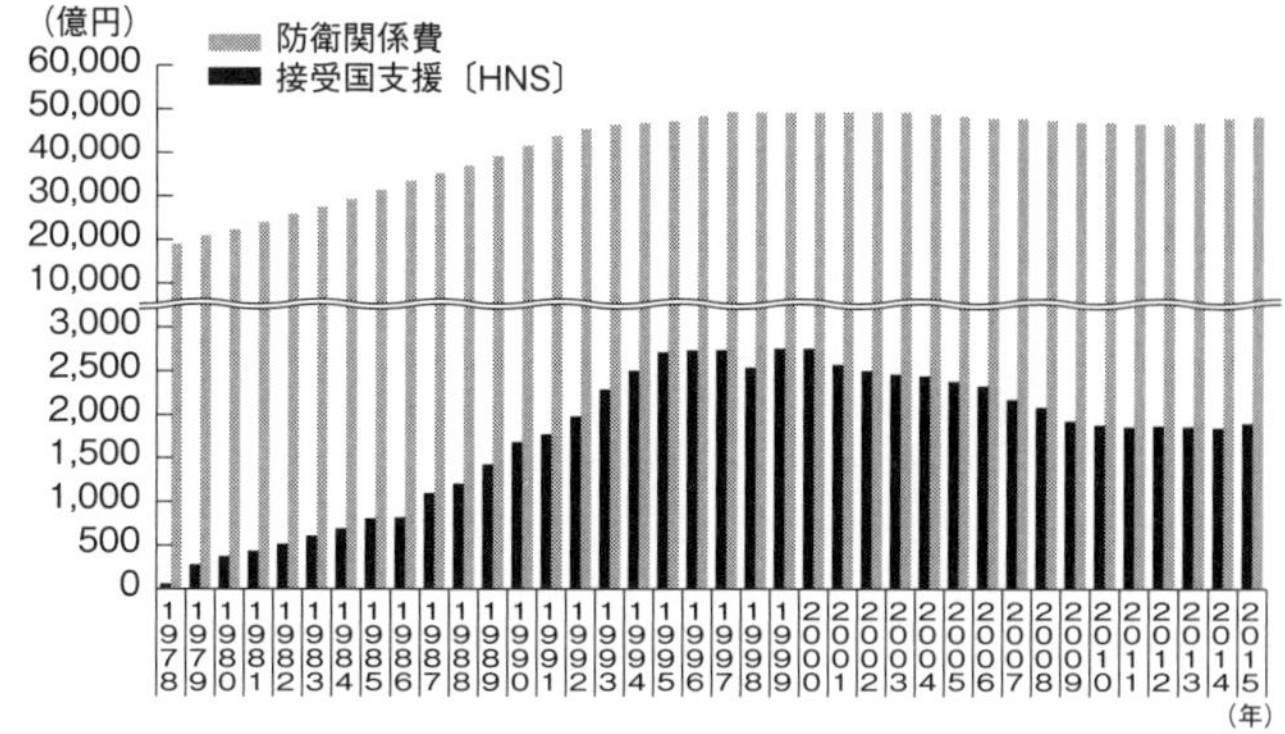

出典:『コストを試算！日米同盟解体―国を守るのに、いくらかかるのか―』武田康裕、武藤功　p203　資料1 防衛関係費の推移（日本の自衛隊予算の推移）、p206　資料4 在日米軍駐留関係経費の推移より　接受国支援〔HNS〕(1978年からの地位協定に基づく狭義の思いやり予算と1987年以降の特別協定に基づく広義の思いやり予算の合計額）の数値を採用
防衛省　平成27年版防衛白書「第3節 防衛関係費1防衛関係費とその推移」
http://www.clearing.mod.go.jp/hakusho_data/2015/html/n3131000.html
防衛省・自衛隊「在日米軍駐留経費負担の推移」
http://www.mod.go.jp/j/approach/zaibeigun/us_keihi/suii_table_22-29.html

せん。

――すると、ヒラリー大統領になっても、日本から取るスタンスは不変ですか？

もちろんです。年間２０００億円払って、在日米軍規模の軍がいるのは、正直なところ、破格の買い物です。

――はい、その通りです。

思いやり予算は、日本自身への思いやりだったと理解できたでしょう？

――さらに、その通りです。しかし、１年１兆円の

駐留経費を払い続けるのは、今の日本に無理です。バブルは弾け、失われた20年があり、さらに、滅亡の20年が始まっています。

だったら、1年で1兆円を儲ける産業を作ればいいんです。

――そんな産業は、もう、日本から出て来ないですよ。

日本の工業技術は世界トップクラスです。これを生かした兵器産業の製品は、実戦性は現状ないものの、その信頼性は高いです。だから日本製兵器を世界に売るんですよ。

自分で費用を稼ぐという発想

――そんなことは専門家から見て無謀ではないですか?

自分は、軍事の専門家ですが、それは無謀ではないと思います。

十分可能だと思います。自分は、海外で合同演習に多数参加しましたが、NATO合同演習では、「うわー、なんだこの旧式兵器は?」と思いましたね。

欧州ですらそうなのですから、東南アジア諸国は、もっと酷いはずです。

付け加えますと、自国で兵器開発から、生産までできる国は限られています。だから、ほとんどの国は兵器を外国から輸入しています。

1兆円を稼ぐのは、武器輸出ですよ。

――それに関して、自分は週刊誌軍事班フリー記者なので、少し取材してみました。すると、2014年4月1日に、「防衛装備移転三原則」を定めて、同年6月のパリで開催された世界最大級の兵器見本市「ユーロサトリ」にブースを出したんですね。それで、2015年10月1日に防衛省の外局として、防衛装備庁を作りました。体制はできているといっていいと思います。

それはそれで第一歩として評価できますが、十分ではありません。新しく作ったモノを売ろうとしているだけではダメですよ。

――どうするんですか？

日本は、旧《ふる》い兵器を全部スクラップにしています。これはもったいない。

――軍機密があるであります。

そんなことを言っているからダメなんです。スクラップするのも金がかかります。ここは一番、旧型兵器を売るんですよ。

――リサイクルですか？

そうです。スクラップにする兵器を海外に売るんです。

――大胆な発想ですね！　では何から売りますか？

まずは日本の陸自にいらない戦車です。

日本にも輸出すれば稼げる兵器がある

――日本製戦車はカッコいいですよ。

だから、海外に売れます。まず、一番古い74式戦車はモンゴルです。

――90式戦車は？

あれも、26年を経過していますから、モンゴル、スタンズ諸国に売ればいいんです。戦車を開発、生産できる国は少ないんです。

日本の戦車は、英国、ドイツ、米国と比べてもスペックシート上の性能は負けませんから。

――最新鋭の10式戦車は？

NATO諸国に売れます。しかし、ドイツ系スイス人が言っていましたが、欧州はお互いに意思の疎通ができます。

陸上自衛隊74式戦車

陸上自衛隊90式戦車

陸上自衛隊10式戦車

日本の第一の壁は、日本語マニュアル、日本語表記の操作盤などを外国語に直す際の面倒です。この翻訳能力を含めた外国語能力が、自衛隊は凄く劣っています。

それを考えると、欧州は遠くて輸送にもコストがかかります。残念ですが諦めましょう。狙い目は、オーストラリアです。

――近い国でありますね。

そこが買わなければ、日本に戦車産業はいりませんから廃業です。

――そんな。戦車を作る国防産業は、国防の要です。

もう、あれもこれもと言っていられる日本ではありません。

――言えないですよねー。日本は、65歳以上の爺さん婆さんが人口に占める比率が世界で一番多くて、その方々を支える社会保障費が毎年32兆円、借金も1000兆円。明るい話は、AKB48が新曲出すことぐらいですからね。

するとと、廃棄予定の空自のF-4ファントム48機はどうしますか?

ベトナム戦争で活躍した旧い機体です。

――まだ、F-4を使っているイランに販売するのは?

米国とイランの関係もありますが、避けるのが無難です。基本設計が古いので、さ

航空自衛隊F-4EJ

したる脅威になるとは思えませんが、日本のF－4改は三菱がアビオニクス（電子機器）をアップグレードしていますので、それらを取り外す作業も容易ではないはずです。

――F－4をラジコン機に改造して、空自の空対空戦闘の撃墜用標的機とするのは、どうですか？

それはいいですね。

――空自パイロットに48機撃墜の実戦経験を与えられます。

それで決まりです。

――次は潜水艦です。

南シナ海に面している国に、日本製旧型潜水艦をスクラップにしないで、すべてを売ればいいんです。

――台湾、フィリピン、インドネシア、ベトナム、タイ、マレーシアですか？

そうです。中国は、旧型とはいえ、潜水艦ですから、無視はできません。

――手持ちの旧型潜水艦がなくなったら、どうすれば？

旧型を輸出用ラインとして残して、量産です。

――なるほど。海自はベトナムに潜水医療を教えていますから、ここは、希望があります。

しかし、オーストラリアへの、ＡＩＰ（非大気依存）推進の最新型そうりゅう型潜水艦の売り込みは、フランスに負けました。

まあ日本は海外に売り慣れてないからですね。その点、やはりフランスに一日の長がありました。

ビジネスのセンスが国を助ける時代

――フランスの潜水艦会社は、オーストラリア側の買う担当者の元のトップを雇ってのセールスですからね、それは強いですよ。

海上自衛隊AIP推進最新型潜水艦はくりゅう

日本も負けていてはだめです。人材をヘッドハントして、商社、自動車でその国で実績のある人を揃えて、やるべきです。

——そして、最後は日本に来て頂いて、裏表、すべて揃った「おもてなし」でありますね。前回は多分、始めたばかりのお役人商売が失敗したんでしょうね。

それは十分にありえます。役人は商売は下手糞というか、専門外ですから。潜水艦関連では、まだ売る物がありますよ。

——なんですか？

米海軍第7艦隊を守るために、海自が大量に保有しているP－3C対潜哨戒機です。今、国産の4発ジェットのP－1対潜哨戒機に変換されつつあります。P－3Cのスペックを落として、フィリピン、台湾、ベトナム、インドネシア、ブルネイに売ります。

100機単位のP－3Cが、南シナ海の沿岸国に配られれば、中国の潜水艦には脅威です。

——それは凄い。既に快調なビジネスもあります。船です。

船？

尖閣の警備任務から石垣基地に戻った
海上保安庁の巡視船「かびら」

――海上保安庁の使っていた巡視船です。これは、南シナ海沿岸国に海上保安の方法などを教えるのと並行して、船の輸出話はバンバンと決まっています。

それはいいです。それから、海自のいずも型を軽空母にして、東南アジアに売るのはどうですか？

――それはまた、何故？

オーストラリア向けの潜水艦では、アメリカは原子力推進潜水艦しかできませんので、早くから諦めました。オーストラリアは環境問題に対して非常に厳しく、原子力を採用しない国是です。

軽空母いずもをスペックダウンして輸出する

同時に、アメリカは空母も原子力（CVN）です。

そこで、通常動力推進の日本製軽空母いずも型をスペックを落とした輸出モデルにして、東南アジア諸国やオーストラリアに売ります。

——タイ、インドネシアは買いそうであります。

気を付けるのは、トランプ大統領の顔色をうかがいながら売ることです。事前承認は絶対に必要です。

——そうしないと、在日米軍駐留経費の値上げをしてきそうですもんね。

その通りです。だから、米国の国益と並行させなければならないのは言うまでもありません。

——なるほど。大尉殿、もうこれで、海外に売る物はないでありますよ。

あと、単価は大したことはないのですが、軍用小銃があります。

しかし、この分野から、日本の兵器産業の問題点が浮かび上がります。

——輸出だけではなく、開発製造現場にも問題があるのですか？

ハイ。説明します。小峯さんは、銃は詳しいですよね？

——大尉殿ほどではないですが、一応、ガンマニアです。

スイス、ドイツの銃器メーカーは優秀ですよね？

——スイスのSIG、ドイツのH&Kは、トップメーカーです。

そこで、銃を製造するＣＮＣマシン、工作機は全て日本製なんです。

——では、日本製軍用小銃は凄いのが作れるではないですか!!

できません。日本は豊和工業が独占で製造権を持っていて、競争がないために、良い自動小銃は永遠にできません。

——二社ぐらいの競作にしたいですが、何しろ日本国内の市場は小さいですから。

今後は世界市場がありますから、大きくなります。1社しかないのは、独裁主義国

陸上自衛隊89式小銃

と同じです。

ヨーロッパのある銃器メーカーが、日本の89式小銃の後継銃の話をしたいと持ちかけたら、門前払いだったのですよ。

豊和工業のプライドは高いのはいいのですが、次期小銃のコンセプトモデルは、どうしようもない駄作との噂です。

89式小銃を作った方々も退職して、本当に新しい銃を作れる実力が豊和にはないのが現実です。

——2社競作で鎬《しのぎ》を削らないと、良い製品ができない。これは市場原理ですね。

資本主義の原則です。日本の工作機械が、世界超一流の軍用小銃を作り出しているが、その設計思想を含めたソフトウ

配備から27年、すでに旧式の軍用小銃

エアが、このままの豊和工業だけでは日本に銃器輸出は永遠に出来ません。

——これはヤバいです。

昔、64式小銃を作っていた時は、富士演習場に来ていた米陸軍兵士から、30８口径弾をもらって試射してましたからね。

涙ぐましい努力の末に出来たんでありますよ。

国内的に涙が出る開発感動物語は、戦争の最前線では不必要です。

必要なのは、どんな環境でも確実に初弾が発砲できて、命中する軍用小銃です。

——日本で、銃器産業を育てるのは、砂

漠で稲作をするように難しいですよ。

それでもやらなければなりません。改革点は、まだあります。自衛隊の外国語教育です。これは完全にシステムを変えて、完璧な教育システムを作らないと、本当にヤバいです。

——武器輸出する前に確認しておくことはほかにありますか。

自衛隊の兵器は、とても綺麗なんですが、実戦を経験していないので、そのフィードバックがありません。

米軍の場合は、制式採用されるとMが付きます（陸軍と海兵隊の場合。海軍が採用するとMkが付く）。

そして、M16小銃などは、その後に、M16A1、A2、A3と、どんどん実戦使用での教訓を入れた改良がされています（同様に海軍の場合はMod 1、Mod 2、と付く。ModとはModificationの意味）。

陸軍のストライカーも、自分が乗っていた時に比べて、改良されています。

——どこがですか？

自分の時は、車体下は平たかったのが、V字になっていました。担当者から「あなたが使っていたのはフラットボトムか？」と聞かれて、一瞬何の話か分からなかったほどです。

――対地雷、ＩＥＤ（即席爆弾）対策で、爆風を両側に散らして、車両を守る仕掛けですね。

そうです。実際にそのＩＥＤの爆圧で横転するストライカーは大きな問題になっていました。それから、リモートウェポンシステムの画像がカラーになって、より高画質になっていましたね。自分がストライカーに乗っていたのはそんなに前の話ではありません。この短い期間で、各種改良が行われていたわけです。日本の兵器システムには、そういった改良がまったく見られません。

――実戦はなく、演習が最高の舞台ですからね。

武器輸出すれば、どんどん実戦経験は増えます。それをフィードバックして、改良すればいいのです。

――道は遠いです。年１兆円を武器輸出で稼ぐまで、何年かかるかしれませんが、だったら、日本国だけで国防軍を作ってみてはどうでしょう？

何事も始めなければ始まりません。シミュレーションしてみましょう。

第四章　同盟解消から日本国防軍への選択

日本が直面するミサイル・ギャップ

――年1兆円の在日米軍駐留経費を払うために、武器輸出産業で年1兆円稼ぐという荒業について検証してみましたが、逆に「ならば、日本から日米同盟解消。日本国国防軍を樹立して、真の独立だ!!」という選択もありはしないか、と……。

とても勇ましいんですが、まずは、日本は、中国と北朝鮮の日本に届くすべてのミサイル発射基地と移動発射装置を敵が発射する前に、すべて潰せる能力がないと駄目ですよ。

――凄い数のミサイルが必要ですよ。

北朝鮮だけで1500発、中国は、その2〜3倍、3〜5000発はありますよ。自分は台湾有事の演習をやったので、日本の誰よりも理解してるつもりです。台湾に向いているミサイル数だけでも凄まじい数です。

しかも、中国のミサイルは、命中率が良くて、信頼性もあります。

――日本には、MD、ミサイルディフェンス能力があります。

残念ですが、中国のミサイルの総数に対して、圧倒的に少なすぎます。それに皆さ

特殊部隊が発進する装置を乗せたミサイル原潜ジョージア

ん勘違いされていますが、飛来するミサイルを迎撃するのは保険と考えておいてください。ミサイルディフェンスの基本は発射前の段階（Ｐｈａｓｅ　Ｚｅｒｏ）で発射させずに潰すことです。このほうが確実なのは小学生でも分かる理屈です。

——精神力があります。

何の役にも立ちません。精神力でミサイルを迎撃できるんですか？

——できません。どうしたらいいんですか？

パワーオブバランスで、迂闊《うかつ》に日本に手を出せないようにさせるしかないです。

――どうするんですか？

１０００発単位のミサイルを日本が持てばいいんです。

――そんな部隊は日本にありません。

陸自を全廃して、戦略ミサイル部隊にすべて変えます。

――陸自がなくなるんですか？

陸自の合理化です。

――富士山の近くでやる総合火力演習が見られなくなります。

日本がなくなるより、いいでしょう？　ＮＨＫの大河ドラマが見られなくなる程度だと思えば大したことはありません。

日本における長距離ミサイル開発の可能性

――はい、それは……。でも、金が……。

北朝鮮も長距離ミサイル開発に全力になるのは、最貧国でも、できるからです。世界第３位の経済大国の日本が、全力で、ミサイル部隊創設に動くべきです。

――日本国の国力の全てを、開発、生産、配備に投入して、長距離ミサイル部隊創設

横須賀に寄港した最新の攻撃型原潜ノースカロライナ

に向けるのですか？

射程3〜4000kmのミサイル1000発を装備した部隊です。

アメリカ軍では、射程3500km以下のミサイルを、Theater ballistic missile（戦域弾道ミサイル）と呼びます。

これは、既に戦術・作戦レベルを超え、軍事戦略レベルに入ります。

アメリカ軍でも戦略ミサイルは、軍事予算から離れて、異なる国家予算の枠で作られます。

――国家事業なんですね。米海軍ミサイル原潜が、戦略レベルで大統領直轄部隊となっているのと、同じですか？

そうです。戦略ミサイル軍を編制して、配備します。すなわち、北朝鮮、中国の対日ミサイル攻撃を諦めさせます。

そっちが撃てば、日本も大量ミサイル飽和攻撃を容赦なくやるのです。

――敵の最大の攻撃手段を封じる。しかし、幾らかかりますか？

米国のパーシングミサイルの軍への投入が、当時600万ドルでした。

――今のレートに換算すると、1発19億円です。1000発で、1兆9000億円。

でも、パーシングミサイルは、今はアメリカにありません。

――一から日本で開発。ここから、乱暴ですが、机上の空論推算をしてみます。日本は、03式中距離地対空誘導弾を開発しました。この移動式車両ミサイル発射装置の1個群はワンセット500億円。4個高射中隊です。

これを1000発だとすると、1個発射中隊50発ずつで、25群を用意しなければなりません。同じ価格ならば、7500億円。

パーシングミサイルと同じような価格になるならば、2兆円と推算しましょう。1個発射中隊200人として、4000人。後方支援などを含めて、1万2000人の兵力がいります。

費用が2兆円。13万人の陸自が、一気に10分の1の規模になって、日本が守れるならば、これは素晴らしい部隊です。

――これは、めでたしめでたし、オシマイ、ではないですか!!

終わりません。フリート、海軍艦隊を作らなければなりません。

――海自護衛艦隊がいます。

第7艦隊の露払いだけでは、意味がありません。

敵国を攻撃できる飛行団を搭載した空母艦隊数個、敵前上陸可能な海兵隊を搭載した強襲揚陸艦を擁する上陸艦隊、核弾道ミサイル搭載原潜、艦隊すべてに、イージス艦と原潜が付属しています。

――元陸自戦略ミサイル軍がいます。

それは、陸の話で、周囲の海と空の制空海権を奪取しなければなりません。さらに、その先の敵国を攻撃、上陸、破壊ができなければなりません。

――えーと、10〜20年、掛かりますよ。それに、その艦隊創設費用と、空軍創設で、50兆〜70兆円かかりますし、元陸自戦略ミサイル部隊の2兆円を加えると合計52兆〜72兆円。日本に、金ないですよ。

訓練で対潜爆雷を投下する海上自衛隊P-3C哨戒機

中国は待ってくれないでしょうね。

結局はアメリカ次第の武器開発

——自分は、大学で航空宇宙学科を卒業しました。

そこの教授たちは、第二次世界大戦で、戦闘機、偵察機、爆撃機の開発、設計に携わった方々でした。だから、ここだけは言えます。

日本には無理なんですよ。

どの辺りがですか?

——中国と、日本は同じ状況に追い込まれます。

この両国には、空母発艦用の蒸気、電磁カタパルトの技術がありません。

空自が導入するF35Aステルス戦闘機

次に、いいところまで行ってますが、ステルス用ジェット戦闘機用の十二分な推力を持つエンジンの開発生産能力はないです。さらに、垂直離発着ＶＴＯＬ用エンジン開発はまだできません。

そして、ステルス能力です。

日本は、国産ステルスＸ－２心神があるではないですか?

――ありますが、正に、心の神なんです。エンジン推力の関係で、ミサイルを内蔵するウェポンベイがありません。

意味なしですね。

――そうなんです。翼の下にミサイル、爆弾を懸架すれば、ステルスになりませんから。

これは、日本が自力でF－２戦闘機を開発する時、アメリカは全力で邪魔して来て、F－16のコピー機になってしまいました。

たしかにアメリカは全力で潰してきます。

――米国は良く考えています。だから、日本は空母艦載ステルス戦闘機及びVTOL型ステルス戦闘機を作れない。

作れても、10年先でしょう。実戦配備はさらに先です。

中国の日本侵攻を諦めさせるには、時間がかかり過ぎですね。その前に来ちゃいますね。

――戦闘機は国防の基本です。すべてを満たし売ってくれる戦闘機は、今は、F－35しかないんですよ。

金をかければ、できますよ。

――時間がないです。それと、出来ない理由はもう一つ。

太平洋戦争の時、日本は、米国との関係が切れて、NACA（National Advisory Committee for Aeronautics）米国航空諮問委員会の翼モデルの最新情報が入って来なくなりました。翼型の基礎研究なんですが、日本はもちろんやっていません。

米国との関係が絶たれれば、その瞬間、日本の戦闘機開発は後進国になります。米国に日本が戦闘機開発先進国にならないように、70年にわたって、抑え込まれてきましたから。

日系米国人としては、非常に複雑な心境です。申し訳ありません。

――まったく、心のこもっていないお言葉、ありがとうございます。

中国は待ちません。チャンスと思って、その翌日、攻撃開始ですね。南シナ海を見ても分かるように、ベトナムからアメリカ軍がいなくなれば、ベトナム領の島に侵攻しました。

フィリピンから、アメリカ軍がいなくなれば、今の南シナ海の状況になりました。

――在日米軍が撤退すれば……。

翌日、台湾攻撃。台湾を奪取すれば、翌日、沖縄攻撃でしょうね。現在台湾に照準を合わせている大量のミサイル群が、全部日本に向くこととなります。

――日米同盟を解消した瞬間、中国の思う壺ではないですか？

その通りです。

米海軍第７艦隊に必要な掃海作戦を担当する海上自衛隊掃海艇

――ということは「日本から日米同盟解消。日本国国防軍を樹立して、真の独立だ‼」なんて、不可能ですよね？

どこの馬鹿が言ったんですか？

――私です（笑）。

アメリカから武器を買うルートは残しておくべきですね。米国との友好関係を保持しておくのは絶対に必要です。

――そういう対日戦略で70年来たんですもんね。

さー、どうなんですかね。私は、日米安保が、ヤバくなると、ずっと主張してきました。見た目ほど磐石《ばんじゃく》ではないと。

――深い理由には触れてませんでしたよね？

さー、どうでしたか……。

――そのう、すみませんけど、「ステルス戦闘機と艦載機、ＶＴＯＬ戦闘機の開発と現物、空母発艦電磁カタパルト技術、Ｃ４ＩＳＲ技術とか、輸入させてください」というのを残しつつ、「日米同盟一部解消をお願いしたいのですが？」となりますね。

だから、日米安保条約の内容の見直しは必要なのです。

――トランプの言う通りなんだ。

そういうことになります。

――日米は切っても切れないように、70年かけて、米国はそうするように、できているんですね？

はい。

――「日本は核武装しろ」と、トランプは言ってますよね？

自分は基本的に反対だと申し上げたい。

日本核武装の是非

――あらためて日本核武装を、どうお考えですか？

今日の現状では日本の核武装には反対です。

その理由は、日本製武器輸出の項でも言いましたが、通常兵器のレベルでも改良されない日本製武器の現状ですよ。

そこで、いきなり核兵器を持ったとしても、自転車に乗れたばかりの小学3年生に、スポーツカーの日産スカイラインGTRを与えるのと同じです。精神的にも物理的にも使いこなせません。

日本の政治家が幼稚過ぎて、核に対して、責任を持てると思えません。第一、誰が核兵器関連の機密に触れられるか、の基本であるセキュリティクリアランスのシステムが日本には設定されていないじゃないですか。それでは無理なんですよ。付け加えますと、米国の基準に照らし合わせると、日本の国会議員のほとんどがクリアランスを取得できません。

また日本は世界で唯一の被爆国です。核兵器で実際に死に、傷ついた人々が大勢います。その傷はまだ、絶対に癒えていないと思います。

だから、核武装には反対です。

——確かに。

もう一つあります。イスラエルが核武装しましたが、その後に、リビアのカダフィ大佐、イランのホメイニ師、イラクのフセイン大統領、シリアのアサド大統領が持とうとしました。核ドミノです。

日本が持てば、韓国、台湾が核兵器を持とうとします。

――核ドミノ倒しです。カダフィ大佐は殺され、フセインは処刑されました。シリアの核施設はイスラエルの空爆で吹き飛ばされました。その地域で、核兵器所持に成功するのはイランだけです。今、極東は、その逆ですよ。北朝鮮が持って、今度は、韓国が持とうとしています。

向こうがクラスの不良で、日本が優等生なんですよ。

――でも、荒れた高校を見ていると、暴力の強い方が勝ちますよ。優等生がルールを守っているうちに、殺されたら、どうなるんですか？

そうならないように考えるのが、国家の舵取りをする政治家の役目です。

――大丈夫なのでしょうか？

頑張ってください。向こうが無法者であればあるほど、こっちはちゃんと正義を守ってやれば、応援してくれる国の数は増えます。

――すると、単一の国で、生き残ることは、この東アジアでは不可能。どこかのブロックに入らなければ、生き残れないということですか？

そういうことになります。どこに入りますか？　消去法でいきましょう。

北朝鮮ブロックは？

――マスゲームを踊りたくありません。

韓国ブロックは？

――韓流ドラマは嫌いです。

ロシアは？

――欧州向けの天然ガスエネルギーを自国の都合でいつでも止めたりしますから、あまり信用できないであります。

中国は？

――中華料理は好きですけど、チベット自治区、新疆《しんきょう》ウイグル自治区のような、暮らしは嫌であります。すると、アメリカしかないんだ……。

消去法で、そこしかなさそうですね。

――日本の核武装はなし。

しかし、核兵器がいつでも開発できる態勢と、その辺りをやるかやらないかは、グレイゾーン、分からないようにしておいた方が、日本にはお得です。

NOと言ってしまえば、他のオプションはなくなりますから。

オプションは自ら閉じてはなりません。これは交渉術の原則中の原則です。

核兵器に転用できるプルトニウムがあるのならば、核兵器開発の研究はすべきだと思います。考えても見てください。仮想敵国側の視点で考えますと、日本が「核は絶対に持たない」と言うのと、「日本は平和国家であるから基本的に持たないが、いざという時のためにいつでも持てる準備はしておく」と言うのとどっちが脅威ですか？これは相手国を脅す意味ではなく、シャンとした姿勢で持って舐《な》められないようにするためです。前述したミサイルも、Ｎｕｃｌｅａｒ　Ｗｅａｐｏｎｓ　Ｃａｐａｂｌｅ（核弾頭搭載可能）として開発すべきでしょう。

――ならば、日本は日米安保条約を一部変更して、日米同盟のまま在日米軍に撤退してもらうしかないですね。

シミュレーションしてみましょう。

第五章　新自衛隊の目指す道

展開する米軍を守るための軍隊

――確認ですが、何故、日本国自衛隊は、在日米軍がいなくなると、日本を防衛できないのですか？

ＯＢ（ＯＲＤＥＲ　ＯＦ　ＢＡＴＴＬＥ　部隊編制）を見れば一目瞭然ですが自衛隊は、極東地域に展開する米軍を守るために、作られています。

――えっ、泣いていいですか？

どうぞ。即ち、米空軍、嘉手納のＦ－15と三沢のＦ－16が敵国を攻撃しやすいように、日本上空と近くの制空を空自Ｆ－15、２００機が担当しています。

――日本の防空……。

ではないです。嘉手納、岩国、厚木、横田、三沢の米軍飛行場を守るためです。

――では、その海自は？

米第7艦隊を守ります。最初に、出撃する航路の機雷からの海自掃海部隊が掃海をやります。

次に、海自対潜哨戒機は、第7艦隊の行く先に潜水艦がいないか、哨戒します。

シドニーを訪問した「そうりゅう」型潜水艦「はくりゅう」

海自イージス艦は、米空母を守ります。日本人の多くはイージス艦をMD用と認識しているようですが、あれは敵航空機から空母を守るシステムです。海自ヘリ空母は、空母の近くの対潜哨戒です。海自にはこの掃海艇、イージスシステム、対潜哨戒機、の比率がやたらと多い。これは第7艦隊の外堀以外の何物でもありません。

――毎年、5兆円の防衛費は？

第7艦隊の外堀に使わされています。米海軍にとっては非常に心強い外堀です。

――すると、攻撃部隊を守るのが自衛隊の能力。

自衛官の給料　米軍兵士の給料

自衛隊階級	自衛隊給与（円）	米軍階級	米軍給与等級	ドル	1ドル=106円換算（小数点第一位四捨五入）
		General	O-10	18,821.10	1,995,037
将	706,000	Lieutenant General	O-9	15,816.00	1,676,496
将補	512,700	Major General	O-8	13,647.30	1,446,614
（当てはまる階級なし）			O-7	12,043.80	1,276,643
一佐	394,900	Colonel	O-6	9,847.80	1,043,867
二佐	343,100	Lieutenant Colonel	O-5	7,673.10	813,349
三佐	316,500	Major	O-4	6,745.80	715,055
一尉	275,700	Captain	O-3	4,849.20	514,015
二尉	250,000	First Lieutenant	O-2	3,900.30	413,432
三尉	242,000	Second Lieutenant	O-1	2,972.40	315,074
准尉	233,400	Warrant Officer	W-1 ～ 4	3479.70 ～ 6393.90	368,842 ～ 677,753
曹長	226,900	Sergeant Major	E-9	5,202.30	551,444
（当てはまる階級なし）		Master sergeant	E-8	4,341.00	460,146
一曹	226,700	Sergeant first class	E-7	3,678.00	389,868
二曹	218,100	Staff Sergeant	E-6	3,033.60	321,562
三曹	195,000	Sergeant	E-5	2,496.60	264,640
（当てはまる階級なし）		Corporal	E-4	2,150.40	227,942
士長	179,600	（当てはまる階級なし）			
一士	179,600	Private 1st Class	E-3	1,847.10	195,793
二士	164,700	Private	E-2	1,756.50	186,189

出典：http://dictionary.goo.ne.jp/je/hyo1.html「自衛隊，アメリカ・イギリス軍隊階級表」より、日本自衛隊の階級とそれに合うアメリカ陸軍の表記を抽出し、それぞれの給与を調べました。
自衛官の給料出典 :https://kyuuryou.com/w2553.html　給料 .com　自衛官俸給表の具体的な俸給額米軍兵士給料出典 :http://www.dfas.mil/militarymembers/payentitlements/military-pay-charts.html　Military Pay Charts - 1949 to 2016　Jan 1, 2016　より BASIC PAY—EFFECTIVE JANUARY 1, 2016

だから、自衛隊は、専用の攻撃部隊を作らなければなりません。

——分かりました。まず、空自、空軍から行くであります。

三沢の北朝鮮攻撃用、米空軍F－16が40機、嘉手納の制空戦用のF－15が、48機です。

——単純に考えると、88機のF－35が必要となります。

単純に米空軍がその機数を引き揚げたから、同じ数だけの戦闘機を入れればいいという問題ではありません。

——米空軍の任務は、敵地攻撃ですよね？

そうです。

——空自のF－15、200機は、その敵地攻撃ができるように、そこまでの制空を担当するディフェンスですね。

その通りです。だから、オフェンス専用の戦闘機攻撃部隊が、空自に必要です。

——だったら、オフェンス、攻撃戦用の戦闘爆撃機部隊で、F－35を100機。

実際には長距離爆撃機が欲しいですね。

——B－2なんて、絶対にアメリカは日本に売らないでしょう？

米本土で日米上陸演習を行った海上自衛隊輸送艦「しもきた」

売りません。

――やっぱり。

しかも最新になると、衛星と秘匿回線でデータリンクする通信システムも必要となります。これは高いですよ。

――そんな秘密度の高いのは、日本に売ってくれないでしょ?

統合した独自の通信リンクシステムがないので、お金があって買えても運用できない、というのが実情です。

――必要な軍備は整いますかね?

三沢に配備される空白のグローバルホーク(無人偵察機)ですが、偵察データの通信は、一度、すべてアメリカの方に行きます。

それで、アメリカがＯＫと言う偵察データだけを、空自は買うみたいです。空自が買ったグローバルホークですけど、偵察データは、米軍から、機密でないのだけくれるそうです。

自分だったら、下品な表現で申し訳ないですが、「バカ野郎、ふざけんじゃねー、舐《な》めてんのか、この野郎!!」と怒りますよ。

――でも、米軍は、自衛隊を舐めてるんですよね？

ハッキリ言うと舐めてますよ、残念ながら。

――そこから、スタートするしかないですよ。

泣かないのですか？

――泣きません、勝つまでは!!

自衛隊に何が必要なのか

――では、空自攻撃隊、Ｆ－35を１００機。一機２００億円ですから、２兆円でございます。

衛星を含めた値段は、不明ですね。途方もない額であることは間違いありません。

陸上自衛隊が導入する予定のMV22オスプレイ輸送機

――どうせ、F-35戦闘機もデータはすべて、アメリカに行ってから、OKのものだけ送って来るんじゃないですか？

そういう可能性もないわけではないです。

――悲しいですけど、前に進むしかないであります。

次に、海自、海軍装備です。原潜がいるんですよね、核ミサイルは搭載せず。

最も欲しい装備のひとつです。

――なんのための、最後の切り札か分かりませんであります。

日本の事情ですから……。さて幾らですか？

――『コストを試算！　日米同盟解体』

だと、イギリスの例で、４隻で３兆円です。

それは、そのままの数値でいいでしょう。

――はい。トマホーク巡航ミサイルが、１０００発。

これは、米在住の軍事アナリスト（政治社会学博士）、アメリカ海軍アドバイザーの北村淳博士の著作、『巡航ミサイル１０００億円で中国も北朝鮮も怖くない』（講談社＋α新書）のアイディアです。射程３０００㎞の中距離ミサイルは、すぐには開発できません。だから、とりあえずの中国、北朝鮮への反撃戦力として、トマホーク巡航ミサイルを１０００発買います。これは、１０００億円でお買い得です。

核弾頭がない代わりに、いざとなればそのミサイルを原潜に搭載して、中国にある核施設を狙って破壊すれば核弾頭と同等の効果が期待できます。

――そんなことは日本にはできません。

中国は平気でしてきますよ。

――しかし……。

やらないと決め付けるのではなく、そういうことも可能（Ｍｉｓｓｉｏｎ　Ｃａｐａｂｌｅ）である、という意思を見せなければなりません。戦争の常道です。でない

軽空母「ひゅうが」に米海兵隊オスプレイを搭載する訓練

と敵に舐められます。

——うーん、ですよね。

それで、空母艦隊は3隻、さらに3個艦隊必要なんですよね？

実用にするには、３個艦隊、搭載飛行隊は４個必要です。さらにイージス艦を含む付随する艦隊が必要です。

——第7艦隊だけで20隻ですよ。3個艦隊で60隻。

既に攻撃海自艦隊は、既存のディフェンス用海自艦隊を超えてます。

だから、費用は8兆〜10兆円とします。

そして、海兵隊です。これにも、揚陸用艦隊が必要なんですよね？

ハイ。こうして見ると、在日米軍への思いやり予算は、本当に日本、自分自身への思いやりのためにあるとあらためて分かって来るでしょう？

——ハイ、ここだけ米軍を巧く騙しているぞ、自衛隊であります。

では、Jマリーン（海兵隊）、『コストを試算！』からだと、ひゅうが型ヘリ空母と、輸送艦おおすみ型を一緒に買い揃えて、強襲揚陸艦の代用にします。代金が300億円。3個艦隊ですから、1兆円。

在日米軍の有難さが分かってきましたでしょうか？　自分が前著で「思いやり予算という呼称には、日米で温度差がある」と言ったのはこういう理由です。

——悔しいですが、分かります。

一度まとめると次のようなリストになります。

理想的な攻撃自衛隊を考える

・空軍F－35　100機　2兆円
衛星通信システム　X兆円
・海軍3個空母艦隊と搭載用4個飛行隊　10兆円
・核搭載原潜部隊　3兆円
・トマホークミサイル　0・1兆円
・Jマリーン　1兆円

合計　16・1兆円
衛星通信システム　X兆円

――推定で、最大で、20兆円。……これは、無理であります。

さて、ここからです。

――何するんですか？

世界に展開する米軍と違って、日本のＯＢ（部隊編制）は日本国周辺とシーレーンの確保ですから、規模は第７艦隊よりもかなり縮小できます。予算を最小にして最大の効果が得られるように工夫しなければなりません。国産で行けるとこは可能な限り国産で行きます。

――現実対応版です。

そうなります。このリストの中で、空自のＦ－35、１００機２兆円と、トマホークミサイル１０００億円、Ｊマリーンの１兆円は現実的です。

――空母艦隊は、原子力空母ＣＶＮですよ。これは、無理ですよ。

その通りです。だから、日本国内産の、いずも型１万９５００トンを、もう３隻作るのは、日本国内で可能です。

――値段は、いずも型は1隻、１２００億円です。

それに搭載するのは、垂直離発着型のＦ－35Ｂ、一軽空母に12機、４個飛行隊48

機。

——これ、値段は250億円であります。

F－35A1機200億円より高く、250億円で計算すると、48機で1兆20000億円になります。

イージス艦は1隻1500億円として、1個艦隊に2隻、計6隻で、9000億円。すると概算ですが2兆4600億円で、軽空母艦隊が揃えられます。

だいぶ、安くなります。

——10兆円で、ありましたから。

原潜は無理ならば、日本国内産の得意のAIP推進の最新型潜水艦そうりゅう型を3隻。

——価格が643億円。3隻で、約2000億円。これに非核弾頭のトマホーク巡航ミサイルを搭載します。

狙うのは、中国の核施設すべてです。その方が効果的でしょうね。

——すると、次のような現実的なリストが出来上がります。

現実的な攻撃自衛隊をつくる

・空軍F-35　100機　2兆円
衛星通信システム　X兆円
・海軍三個空母艦隊
搭載用四個飛行隊　2兆4600億円
・核未搭載AIP潜部隊　2000億円
・トマホークミサイル　0・1兆円
・Jマリーン　1兆円

合計　5兆7600億円
衛星通信システム　X兆円

米軍のように、地球すべてをカバーするのではなく、日本国周辺だけの衛星システムならば、安くなりますよ。

——一年分の防衛予算5兆円に近づきました。

これならば、手は届きそうです。

アメリカが儲かる軍隊こそすべて

――すると、今の自衛隊の傘下に作る攻撃自衛隊の陣容ですが、空自に攻撃飛行隊F－35Aを100機、4個飛行隊。

海自が、3個軽空母艦隊に搭載艦載戦F－35Bが、48機

Jマリーン西普連3000名を運ぶ3個揚陸艦隊。

さらにトマホーク搭載AIP駆動の日本版攻撃型潜水艦3隻。

立派な陣容です。ここから、先が重要です。空海合わせて、F－35、約150機を、「トランプ大統領、すべてアメリカから買います」と言うのです。

――なんでですか？

ビジネスマン大統領の、PLに訴えるんですよ。

在日米軍が撤退して、軍事費を節減できたところに、その日本から、大規模な注文が入る。これは、トランプならば「よし、やれ」となります。

――お得ですよ、日本はアメリカのために、よくやってますよ、となる。

陸上自衛隊が導入したAAV7水陸両用装甲車

そうです。さらに、軽空母艦隊は、横須賀の施設を使うから、そこも、残るし、金は日本が出している。佐世保の揚陸艦隊の港湾施設も残ります。

「横須賀、佐世保の施設はいつでも使えます。運営費は日本持ちです」と言います。

――金がかからないことをアピール。

そして、次の儲け話です。日本版海兵隊の訓練をすべて、米国でやるとします。米海兵隊の基地が潤います。地場産業の振興ですね。やはり基地周辺の街は海外からの軍人が来ると活気に満ち溢れます。これはデータとかではなく、そういうものです。

――トマホーク1000発分もあります。

トランプ大統領は上機嫌です。次は日本もPLをしないとダメです。

在日米軍なき後の自衛隊増減案

――攻撃自衛隊は作れましたから、次は防衛を担当している既存の自衛隊を削減しましょう。まず、空自です。

基本的に今のままです。海自もそのままです。

――削減にならないであります。

削減するのは陸上兵力である陸自です。機甲師団と、全国の師団に付属する戦車部隊は全廃です。今、何両ありますか？

――600両を今度、400両にします。

何に使うんですか？

――あると、カッコいいです。

そういう理由でしたら、いりません。人員は？

――13万人です。水陸両用団用に3000人キープです。

陸上自衛隊が導入予定のオスプレイと陸自西部方面普通科連隊

4分の1の3万5000人でいいです。水陸両用団以外は、軽歩兵と装甲車両部隊（機械化歩兵）でOKです。

——日露戦争に勝利し、日英同盟で第一次世界大戦を戦った大日本は、戦後、八八艦隊を作るために、大正9年の軍事費6億5000万円のうち、海軍費4億円。60％が海軍です。「軍艦で日本が沈む」と言われました。これの再来でありますね。

本当に沈むよりいいです。

——大尉殿、在日米軍は、24時間で撤退して、いなくなりますが、その代わりの攻撃自衛隊は、24時間で来るでありますか？

来るよりも、出来るわけがないでしょう。空自のF－15戦闘機の操縦士、イーグルドライバーになるには、どのくらいかかりますか？

――約3年であります。

米空母艦載機、米海兵隊VTOL戦闘機のパイロットになるには、まず、将校にならなければなりません。私が出た各大学のROTC予備士官養成課程、または、士官学校に行きます。これが4年。

そして、フライトスクールが1年半。5年半で中尉になっていないと、搭乗できません。

――それは厳しい。我が方は、70年ぶりの日本の空母部隊ですから、一からとなる訳です。だから帝国海軍式で、将校と兵の構成で大量の搭乗員を錬成します。しかし時間がかかります。

そうです。米陸軍は12週間、米海兵隊も14週間の訓練で、歩兵として最前線に投入可能です。戦闘機パイロットは、そうはいきません。

――すると、在日米軍を攻撃自衛隊に転換するのに時間がかかりますね。

自分の試算ですと、6～10年かかります。

具体的な交代撤退計画

――中国が日本を屈服させるのに、十二分な時間ではないですか？

だから、トランプ大統領と交渉しなければならないんです。

先程、「これだけ、米国から高額武器を買います」と言いましたね。

その次に、「配備まで、6～10年かかりますから、その間、順番に交代するような形で撤退して頂けませんか？」と交渉します。

――でも、駐留経費は、毎年1兆円ですから、6兆～10兆円かかる。これは請求してきますよね？

当たり前です。だから、その駐留経費も交渉して値切るのですよ。

――難しい対米交渉が2017年から始まるわけですね。

その通りです。

――交代撤退計画は、ありますか？

第一段階は、海兵隊です。陸自の水陸両用団になる西普連の錬成の動きをみても、一番、速いです。それに揚陸艦隊はプレゼンス目的にはいいですが、戦力的には時代遅れの部隊です。ここから手を付けます。

――米海兵隊は、どこに行かせるのですか？

沖縄にある必要はないです。だから、今、「戦争している」韓国の済州島に半分。残り半分は、グアムに後退させます。岩国飛行場の米海兵隊飛行隊は、グアムと済州島に分散です。

――佐世保の米海軍揚陸艦隊は？

釜山に前方配備とグアムです。グアムならば、フィリピン方面に睨《にら》みが利きます。状況によっては、グアムの海兵隊と米海軍揚陸艦隊が、フィリピン、スービック湾に駐留します。戦略的分散展開です。

――それは、中国はいやですね。

米海軍揚陸艦隊の修理は、佐世保で引き続きできますから、有利です。

――沖縄から、米海兵隊がいなくなれば、基地問題がすべて解決します。

基地反対運動の利権がなくなるから、大変でしょうね。

――まだ、他に米軍基地は沢山ありますから、大丈夫だと思いますよ。

そして、空いた基地に、Ｊマリーンが移動して来ます。

アメリカ空軍嘉手納基地のF-15C

佐世保には、海自揚陸艦隊が入ります。西普連から水陸両用団になった3000人のうち、1000人は、沖縄駐屯です。残り1500人は、佐世保周辺で、訓練。500人は、揚陸艦隊に搭乗し、常に洋上待機です。

——何故、洋上待機なのですか？

常にこの艦隊は、西南諸島辺りをパトロールします。米海兵隊のMEUと似たシステムです。この軍事行動は、中国には嫌ですよ。

——中国は、「軍国主義」と言って来ますよ。

ほうっておけばいいんです。OB（部隊編制）を見れば、侵攻が目的ではなく、完全な防衛組織というのは士官候補生1年生でも理解できます。中国が文句を付けて来た場合は、そういう正論を主張しましょう。また日本国自衛隊の取っている行動は正しいと言えばいいのですし。

――なるほど。次は？

第2段階は、嘉手納基地の米空軍F－15戦闘機部隊です。

――沖縄ばかりですね。

中国の先制攻撃を受け、一番、全滅させられる確率が高いので、後退分散させます。

――そこに、自衛隊が代わりに行くのですよ。

だから、そこは日本なんです。自国領土を自分たちで守るのは当たり前でしょ？

――すみません。在日米軍癖がついてました。嘉手納のF－15はどこに行きますか？

フィリピンとグアムです。またアメリカ本土に引き揚げても構いません。戦闘機の展開は比較的迅速に行えますから。

――これで、沖縄の基地問題は解決です。辺野古に建設中の基地はいらないじゃないですか？

アメリカ空軍嘉手納基地に派遣されるF-22A

あっ、自衛隊で使ったらどうですか?

——そんな、あんなに大騒ぎになっているんですよ。

米軍は、タダで日本が作ってくれる基地に文句はいいませんよ。それに騒いでいるのは日当貰ってデモのフリをしているふざけた連中と、それを誇張して報道するメディアのみです。放っておいて問題ありません。

——合理的です。それで、この空自、嘉手納基地には?

三沢で錬成していた攻撃自衛隊の空軍、攻撃飛行隊のF-35の100機のうち、2個飛行隊が移駐してきます。

——一飛行隊が制空、もう一つが、爆撃

アメリカ海軍第７艦隊と海上自衛隊

と考えればいいですか？

それで結構です。

——那覇基地の空自F－15は？

分散が好ましいので、半数の25機は嘉手納に移動です。

——Jマリーン1000人に、空自作戦機が150機、さらに近海に500人の揚陸艦隊に乗ったJマリーンがいるのは中国は嫌でしょうね。

嫌でしょうね。それが、抑止力です。

——次が三沢ですか？

第3段階が、三沢の米空軍F－16です。この三沢では、空自攻撃飛行隊の錬成が行われていたので、引き継ぎはスムーズに行きます。

——ここに二個飛行隊のF－35A。

嘉手納基地の攻撃飛行隊と常に連携をとります。既存の空自のF－15戦闘機200機は、この攻撃飛行隊が自由に飛べる空域の制空です。

——今まで通りの、空自の任務でありますね。

そうなります。そして、撤退と交代計画の第4段階が、横須賀の米海軍第7艦隊です。

――この軽空母3隻と、それに搭載する艦載機F－35Bの四個飛行隊48機の部隊を作り上げるのは、時間がかかりますよ。

10年はかかります。

――海自の固定翼機で、さらに、ジェット艦上戦闘機ですからね。手間暇は大変ですよ。

だからこそ、トランプ大統領に巧く説明して、猶予期間をもらうわけです。

――その間も、駐留経費が入れば、文句はないですよね。

ないです。儲けがあればいいのです。

――金が全てを解決する。

その通りです。アメリカも横須賀の第7艦隊は残したいですから、利害は一致する筈です。最後に撤退するのは第7艦隊です。

このような、段階的で現実的な交代撤退計画を立てれば、まともな対米交渉になります。

――これで、在日米軍が撤退しても、日本は万々歳ではないですか‼

それがそうでもありません。

――まだ、何かありますか？

最大の障害、日本国憲法の９条です。

――それをどうするんですか？

やはり内容を改定する必要があります。

第六章　普通の国の憲法9条

憲法９条の想定「相手国」

——憲法９条は変えさせません。平和国家、日本の礎《いしずえ》ですよ。

そう主張している人たちがいるのは知っています。ですが擬似平和主義だと自分は定義しています。

——もともと米国が、日本に二度と奇襲を受けないように制定したんです。

１９４５年の当時は、そうでした。しかし、21世紀の今、その封じ込めた憲法をこれから、一番、利用したいのは中国です。

——米国用９条が、中国用９条になったのですか？

そうです。

——なぜ、憲法９条が、中国用になったのですか？

確かに、９条は、１９４５年当時、アメリカには必要でした。それだけ日本軍に手こずったのでしょう。日独伊三国同盟で最後の最後まで戦ったのは日本でしたから。原子爆弾2個使ってまでしないと降伏しなかった。だからこういう憲法ができたのだと思います。

しかし、それから70年経って、今、一番その９条を利用したいのが中国です。

——だったら、９条に付帯事項を付けて、改正するのはどうですか？

どう改正しますか？

第九条　日本国民は、正義と秩序を基調とする国際平和を誠実に希求し、国権の発動たる戦争と、武力による威嚇又は武力の行使は、国際紛争を解決する手段としては、永久にこれを放棄する。

②　前項の目的を達するため、陸海空軍その他の戦力は、これを保持しない。国の交戦権は、これを認めない。

——これに、③を追加します。

法律家ではないので、きちんとした条文は書けませんが、趣旨としては「こちらから、攻めないので、そちらから攻めてこないこと」です。

馬鹿の上塗りですね。中国は喜んで攻撃してきますよ。

――日本国憲法の9条に、「ダメ」と書いてありますよ。

中国にそれを守る義務はないですし、他国の憲法など屁にも思わない民族性があります。

――しかし、今の9条の解釈で、日本は敵地攻撃ができます。

それは、鳩山一郎首相が、1956年衆院内閣委員会でこんな主旨の答弁をしています。

「日本に対する急迫不正な侵害がなされ、その侵害の手段として日本の国土に向けて誘導弾などの攻撃がなされる場合、『座して自滅を待つということ』が憲法の趣旨であるとは考えられない。このような攻撃を阻むために誘導弾などで基地を叩くことは、法理的に自衛の範囲に含まれると見るべきだ」

現在の日本政府もこれを継承しています。

そうやって、憲法9条の解釈を色々と、その都度その都度、都合よく解釈しているのは、私には疑問ですね。今のままの憲法ではおかしいですよ。

――どの辺りがおかしいのですか、世界平和に誇れる憲法9条ですよ。

「戦力は保持しない」と書いているのに、自衛隊がありますよね？

――自衛隊は軍隊ではありません。

という、一休さんのトンチクイズのような無駄な問答が続くんですよ。

――どんな無駄な問答が続くんですか？

日米合同演習で、自分が、お互い軍人同士でやろうと、自衛隊への尊敬を込めて、「日米両軍は……」と言った途端に、陸自の幹部の佐官が、

「自衛隊は軍隊ではありません。そこをちゃんと訳してください。お願いします。日米両軍ではありません」

腰抜けですよ。自分は「政治のことは知ったこっちゃない。現場は現場でちゃんとやろう。日本人は仲間だし、自衛隊は軍隊である」という意味をこめて発言しましたし、知り合いの自衛官も自分のそういった姿勢を好意的に受け止めてくれていました。ですが政治的な幹部がそういう発言をしたので、場の雰囲気が思いっきり悪くなったのは言うまでもありません。

自衛隊は、肝心の部分がないんですよ、だから必要な時に役に立たない組織に自衛

隊はなっているんですよ。自分の印象では、割合的に5人中4人はこういう幹部です。でも1人は信念を持っているすばらしい幹部がいるのも事実です。

騒ぐのは3ヵ国だけ

——大本を変えなければならない。

そうです。

——どう変えるんですか？

常識の範囲で普通の憲法に改正すればいいんです。意味的には、「国防を目的に軍隊を持ちます。その軍隊は、軍備を持ち、交戦権を有する」

当たり前のことが書いてあるだけです。

——当たり前？　この「国権の発動たる戦争」、これは宣戦布告を伴う、こちらから攻撃を仕掛ける戦争ですよ。これは？

それはなしです。スイスのような感じです。攻撃されたら、国土と国民を守るために反撃する、ですね。

——簡単に言うと、中国、北朝鮮からの日本への攻撃の危険性を除去するために、敵

地、中国、北朝鮮を直接、反撃、攻撃して、日本を攻撃できなくなるようにする。やるんならば、こっちもやるからな‼　ということですか？

そうです。

――しかし、中国、北朝鮮、さらに韓国、そして、日本国内では、「日本の軍国主義が復活した」と翌日から、大反対が始まりますよ。

反対して、騒ぐのは、その3ヵ国だけです。それは、日本にとっては当然のことだと解釈すればいいのです。そして、国内で反対される方々には、丁寧に説明していきます。政治の格言に、One man with a truth makes majorityと言うのがあります。一人のリーダーが私心を捨てた真実の下にリーダーシップを取れば、自然とそれが大多数の意見となる、という意味です。今の安倍晋三総理の行動がまさにそれです。自分も全面的に支持します。

――なるほど、これで、前章の攻撃自衛隊が、実働状態になれるわけですね？

そうです。

――万歳であります。

まだ、早いです。

——まだありますか？

ROE（Rules of Engagement 交戦規程）を決めないと軍隊は動けません。

軍隊が動くための条件

——今の自衛隊は、銃器の仕様は自分を守るための正当防衛でしか使えません。さらに近くにいる日本人、また、友軍が危機に陥った時、助けに行く駆けつけ警護ができませんでした。

イラク派遣の時、自衛隊がどこかに行く場合、オーストラリア軍が警備についていました。

有史以来、軍が他国の軍の警護を受けた初の出来事ですからね、世界の笑いものですよ。腑抜けの腰抜けになれ、と言われてるわけですから、自分だったら絶対に我慢できません。それを我慢している自衛官たちの心中お察しします。

——憲法上は軍隊ではない、高度な軍用兵器で武装したナイスな野郎たちの団体が、自衛隊ですから。しかし、大尉殿、今は安保法案が成立して、「駆けつけ警護」と

「宿営地の共同警護」の任務ができるようになったんですよ。

正しい方向に一歩踏み出した感があります。交戦規定はどうなっていますか？

――さて、やっていいことになりましたから、やっていいことは決まっているのではないですか？

そこから間違ってます。交戦規定はやっていいことを決めるのではなく、「やってはいけないことを決める」のです。

――それ以外はすべてやっていいということですね。

そうです。陸戦で、基本的に同じ状況はありません。自分はアフガニスタンで、実戦を経験しました。

その時の敵は戦闘服を着ていませんでした。市民の中に紛れ込んで、突然、撃ってきます。その戦闘には同じ状況はありませんでした。また何が起こるかと予測も不可能でした。

例を挙げると、ある日民間人が基地のゲートに対戦車地雷を持ってきました。我々は自爆攻撃かと思い撃つ寸前でしたが、彼は良心的に、タリバンシンパのやつが対戦車地雷を仕掛けようとしていたのを止めさせて対戦車地雷を届けに来ただけの親米的で善良な市民でした。

でもこちらとしては言葉がわからないので、相手の意図が理解できない。それでも態度が自爆攻撃のそれではなかったので撃たなかったのですが、一歩判断を間違えば吹っ飛ばされているところでした。

でも結果的に撃たなくて良かったと思っています。とにかくこのように予測不能の事態が戦場では起こります。その時に駆けつけ警護だ何だって、行ったことのない人間が作った定義に当てはまらない、そういう状況では自衛官たちはどうしていいのか判断できなくなるはずです。

——こうなったら、こうしろの任務付与では何もできない?

そうなります。さらには、ぶっちゃけて本音を言いますと、最前線では、ROE(交戦規定)は無視されてましたね。

——意味ないじゃないですか!!

ROEでは、民間人か、敵か、確認される前に撃ってはいけないということになっていましたが、それでは、最前線で自分、味方の命は守れませんね。

ROEは、無視され、即ち、それっぽいのを見かけたら、とにかく殺せ。タリバン兵は私服ですので、正規戦のＲＯＥは使えないんですよ。

自分がアフガニスタンでパトロール中に、ガントラックの一台が故障で立ち往生しました。

牽引用車両が、前進基地から来るまでの間、自分は砲手だったので、40㎜榴弾連射砲で、近くにいた野次馬の子供たちを狙っていました。

小隊長からの命令は、「無線機らしきもの、携帯電話を取り出したら、射殺（というか爆殺）しろ」とのことでした。

ＩＥＤが起爆される、もしくはタリバンに連絡をしているかもしれませんからね。

自分は、子供たちに「頼むからなにも出すなよ」と心中で祈っていました。結局、子供たちは何も出さずに、撃たずに済みました。

――現場の兵隊の命を守るためならば、必要な処置はすべてとる。これが本当のＲＯＥ。

そうです。ＲＯＥは、フレキシブルにしないとダメです。

反則技だけ決めて、後はすべてＯＫにしないとダメです。ちょっと話はズレますが、極真空手はやってはいけない反則技が設定されています。でもそれ以外なら何をしてもいい。そこで故アンディ・フグ選手はルールの範囲内で有効な踵落としをあみだし、フランシスコ・フィリョ選手はブラジリアン・キックを生み出しました。このように組織が進化する上で、有効なＲＯＥを設定するのは必要不可欠です。

そして、海外に自衛隊が行くのならば、友軍と同じことができるようにするのは、当たり前のことです。

第七章　まったく新しい抑止力を求めて

日米同盟に代わる「同盟」

——憲法改正して、ROEを決めて、自衛隊は普通の軍隊になった。

そうです。しかし普通の軍隊になるためには、その先があります。

——なんですか？

説明しましょう。2016年3月に来日したドイツのメルケル首相が、日本の安倍首相に、こう言ったんです。

「日本がNATOに加盟して何が悪いのか？　私は英国のキャメロン首相とフランスのオランド大統領を説得できる」

これです。ここに日本が進むべき道のヒントがあります。

——日本の周りは太平洋で、どこにも北大西洋はないであります。

確かにその通りですが、欧州にも大西洋に面していないのに加盟している国家はあります。安倍首相は、メルケル首相の誘いに対して、「もしかしたら将来的に」と、発言したと報道にありました。

——仮に、日本がNATOに入りますよね、どんなメリットがあるんですか？

2015年のNATOの演習でポルトガルに上陸するイギリス軍

NATO条約では、NATO加盟諸国のどこかが侵略されたら、他の加盟諸国は助ける義務があります。ウクライナの加盟で問題になった点はここです。ロシアと全面戦争になる可能性があったので、ウクライナの加盟は見送られました。

——中国、北朝鮮に日本が攻撃されたら、NATO諸国軍団が全員味方してくれるのですか？

そうなります。

——逆の場合もありますね、日本がNATOの紛争に応援しに行くとか？

当然あります。イーブンな関係ですから。

イタリア陸軍AAV7と訓練を行うポルトガル陸軍レオパルトⅡ戦車

――それ、トランプの求めている日米同盟と同じではないですか？

それが、当たり前なんです。

――すると、中国は、迂闊《うかつ》に日本に手を出せなくなりますね。

理屈ではそうなります。

――日米同盟よりお得ですか？

合わせて入るとお得です。米国も加盟してますから。

――なんだか、大尉殿が、保険会社のセールスマンのように見えてきました。

NATOを、自分は、『真面目な国際連合』と勝手に呼んでいます。国連のように、安保理で拒否権を持ったややこしい国が入ってないですからね。

国を守るために重要な政治家の舵取り

――すると、日本のNATO入りは、中国はとても嫌がりますね。

非常にひどいことだとして、また、大騒ぎしてきますね。

――そりゃいいですね。

さらに、日本にとって、アメリカ対策になります。アメリカは、正直に言いますと、ずる賢い国です。自国の国益優先ですからね。

そこのトップの大統領にヒラリーという中国重視の狡猾《こうかつ》で百戦錬磨の裏業師が、大統領になれば、さらに大変です。

ヒラリー大統領が、国益と中国を重視すれば、日本は大変なことになりますよ。

――滅亡ですよね……。NATO加盟は、日米保険に加えて、さらに北大西洋保険をもう一つ、足すことになりますね。

そうです。

――NATOに入るには、どんなことが必要なんですか?

NATO演習で上陸訓練を行うイタリア陸軍

使う武器で言いますと、NATO基準があります。まず、弾薬です。

皆で同じものを使おうということで、重機関銃は、口径12・7㎜弾、小銃は、7・62㎜と、5・56㎜、拳銃弾は9㎜です。旧ワルシャワ条約加盟国家が冷戦終結後にNATOに加盟するにあたり、東側基準から修正するのに相当な金と労力がかかりました。

――それらは自衛隊標準装備であります。

アメリカは基本的にNATO基準に則《のっと》って、いますから、自衛隊は大丈夫です。

――一番のポイントは、日本以外が侵略

を受けた時に、日本国自衛隊が海外武力派遣に行けるか？

そこです。憲法9条改正が必要な理由はそこにあります。

NATOに加盟する以上、今までのように幼稚な憲法9条を盾にした言い訳は通用しません。

——日英同盟があった頃、第一次世界大戦で、地中海で駆逐艦の足りない大英帝国海軍を助けるために、大日本帝国海軍の駆逐艦の艦隊が出撃。大いに活躍しました。マルタ共和国のカルカラ海軍墓地には、地中海で戦死した帝国海軍軍人の戦没者墓地がありますからね。その後は、太平洋戦争で大日本帝国は滅亡しましたが……。

だからこそ日本の政治家の舵取りが大切なのです。

——NATO加盟は、また日本国内で論争にはならず、大騒ぎになりますよ。その辺りはどうしたらいいんですか？

正論で対応します。「NATOのメンバーを見てみろ、世界で一番まともな国の集まりではないか、米国と交渉できる立場が強くなる」と。

グアム空域で合同訓練を行う米空軍、航空自衛隊、豪空軍

日本のNATO加盟のメリット

——米国との交渉で何が強くなるんですか？

日本のNATO加盟は、アメリカは嫌がります。

——何でですか？　日米同盟ですよ。

だからなんです。アフガニスタンに出撃した時、多国籍軍司令部に行きましたけど、そこは、アメリカだけではないですよ。

——と言いますと？

例えば、カナダは、アフガニスタンには、「みんな（NATO）が賛成しているんで、ISAF（国際治安支援部隊）として軍を派遣します」でしたが、イラク戦争の時は、軍隊は出していませんん。

イラク戦争にはＮＡＴＯは参戦していませんからね。

――カナダは、２０１６年、政権が交代すると、多国籍軍としてのシリア空爆から撤退しました。

それです。カナダは、枠組みの中で、正論を通し、秩序ある行動を取っています。

カナダ政府関係者が、「イラク戦争のように米国政府の決定に従わない時は、たとえそれがどんな正論であっても、アメリカから徹底的な嫌がらせがある。表立って話題になることはないが、米国と隣り合わせのカナダは、米国からの影響を日本とは比較にならないくらい受けている。米国に踏み潰されないようにカナダという国家の舵取りをするのは、他の人が想像できないほど難しい。カナダというと、何もやってない、目立たない国家と思っている人が多いが、決してそんなことはない」と言っていました。

アメリカが正義だと思ったら大間違いで、理不尽なところがあります。米国に長年住んでいますが、理不尽で自己中心的な米国人に対して、良識と常識があるカナダ人、というのが自分の正直な印象です。

――日本で米中大戦争があって、日米同盟があったとしても、アメリカが、日本に残って欲しいのは、2ヵ所のレーダー基地と横須賀、佐世保の港湾施設だけですからね。

本当にすみませんが、それが本音です。だから、日本はリスクを分散させるためにもNATOに加盟すべきなんです。

日本は、NATO諸国には受けがいいから、反対する国はないですよ。

それから、対アメリカでは、日本はNATOを使って、アメリカの暴走に対するブレーキの役目を果たせます。

――成程!! NATOに日本が入ると、対露でも強くなりますね。

NATOは、元々、対ソ連の軍事組織ですからね。

――第二次日露戦争で、今度は日本が敗戦、滅亡との道筋もありますね。

繰り返しますが、だからこそ日本の政治家の舵取りが重要なわけです。

――すると、日本は、こんなステップを踏めば、良いわけですね。

ステップ1　憲法9条改正
国を防衛するための軍備の整った軍と交戦権を持つ。

ステップ2　日米同盟条約改正でイーブンな関係。同時にNATO加盟。
6～10年かけて、在日米軍撤退と同時に攻撃自衛隊配備。

ステップ3　核武装はしないで、新しい規範を示す。

ステップ4　アメリカ、または、NATOと実戦に参加して、戦闘経験を積む。

ステップ5　年間1兆円の利益を生む兵器輸出産業を育成して、日本製兵器の性能を向上させる。

ステップ6　米海軍空母機動艦隊に、海自軽空母艦隊が随伴、中東からのシーレーンを海上パトロール。米海軍が行けない時は、海自軽空母部隊が出動。

そうです。そして、カナダと同じように、常にアメリカに従うわけではない。ケースバイケースの判断をすべきです。これらをこなして、やっと日本は普通の国になれるでしょう。

第八章　在日米軍は削減できる

じつは多すぎる在日米軍

ここまでは、在日米軍撤退に言及してきましたが、ここからは、今こそ在日米軍は現実的な削減が必要だと主張したいと思います。

——撤退ではないのですか？

削減と分散です。

——そんなことが可能なんですか？

韓国は、北朝鮮と現在でも戦争しています。休戦状態にあるだけで、いつ火を噴いてもおかしくない状況にあります。日本人の多くは真剣に受け止めてはいませんが。そこに、日本の半分しか在韓米軍がいないのは、おかしいでしょ？

——確かに。何で、このように在韓米軍の2倍の在日米軍がいるんですか？

結論から言いますと、日米双方にとって、居心地がいいからでしょう。

また、自分の同期も先輩、後輩たちも、『日本勤務はピクニックだ』とか、『ロングバケーションだな』と言っていましたから。付け加えますと、日本勤務になる将校、特に司令官ですが、ハッキリ言うと米陸軍内では二流の将校が配置されます。その証

適正な外米駐留の割合

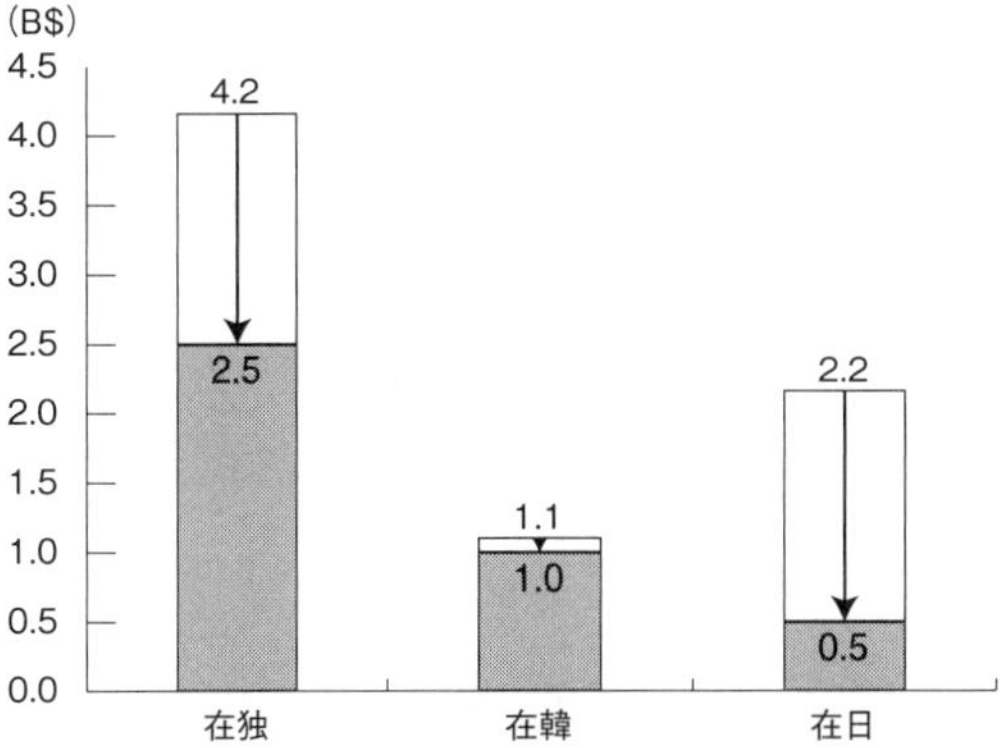

拠に在日米軍司令官経験者が、後にペトレイアス大将、マクレイヴン大将などのように、イラクやアフガニスタンで部隊を率いて実戦で功績を収めた、とは聞かないでしょう。

――マジですか？

マジです。在日米軍撤退、または、縮小には、もう一つの戦いがありますよ。

――対中国ですか？

いいえ、日本国内です。国内で、米軍利権にどっぷり漬かっている連中は何が何でも阻止してきますよ。

――基地反対運動は知っていますが、在日米軍撤退阻止運動家とか、いるんですか？

在日米軍が出て行けば、利権屋さんたち

在韓米軍施設と展開兵力

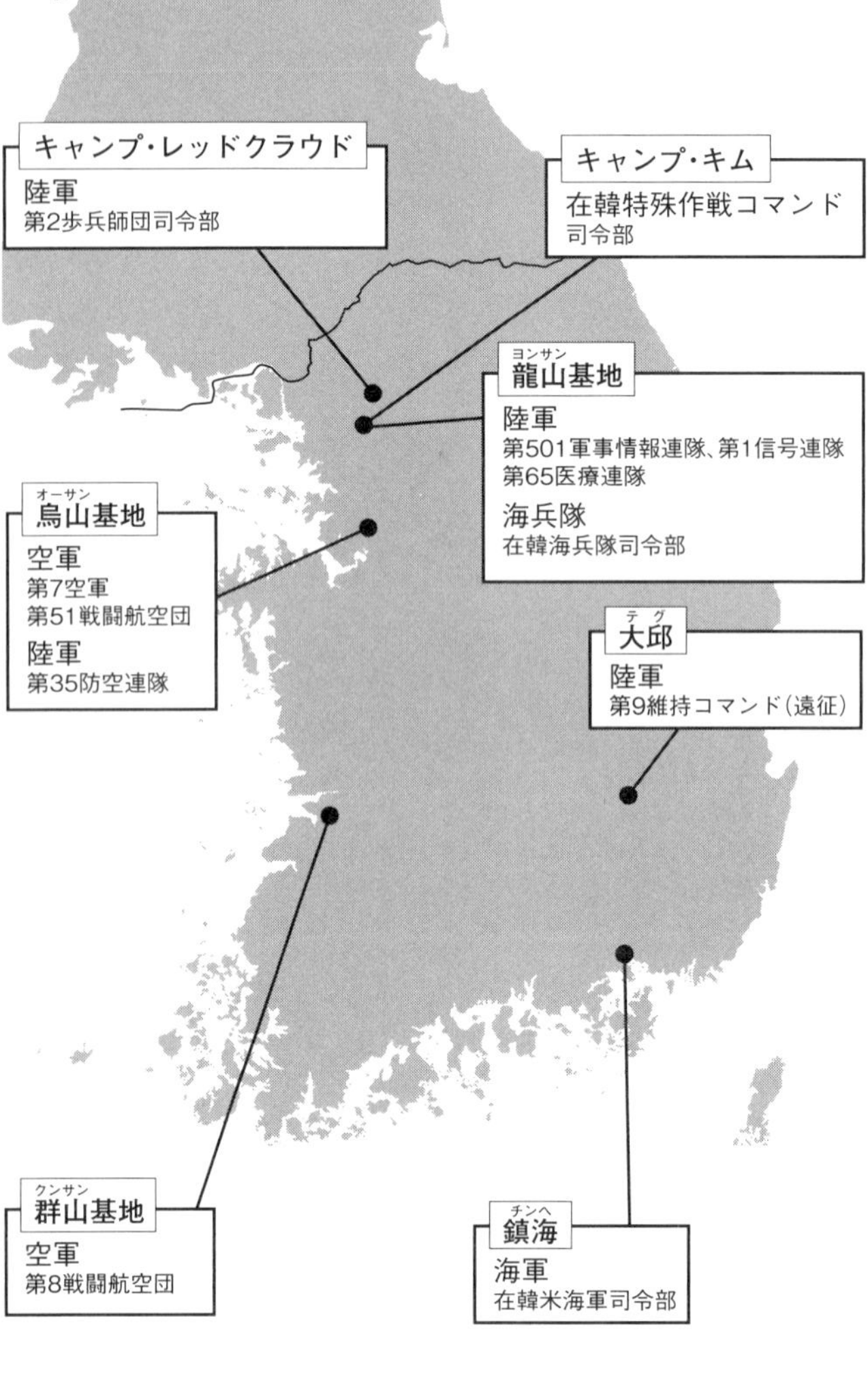

は、収入がなくなるから、嫌がるでしょう。日米合同演習の時も、わけの分からない日本人たちがウロウロしていましたからね。利権関係者でしょうね。

これは何も日本に限った話ではなく、アフガニスタンにも、利権の絡んだ地元のやり手の商売人たちがウロウロしていましたから。

そのような奴らを、徹底的に潰していかないと駄目ですよ。

――何兆円と言う金が動いてますからね。

昔、キャンプ座間に米軍第一軍団が行く話がありました。自分は情報将校として調べたんですよ。そうしたら、「キャンプ座間に場所がない」と基地スタッフが言うんですよ。

――広いですよね？

「ゴルフ場がほとんどなんで、そこを潰して、基地を作ればいいだろう」と進言したんですが、「それは無理だ」との答えでした。

キャンプ座間は、滑走路と基地施設とあとゴルフ場ですよ。ゴルフ場利権があるみたいでしたね。

――日米同盟で、日本を守る前に、キャンプ座間はゴルフ場をお守りになっている。

はい。多分、日米に跨《またが》る利権があるんでしょうね。

そんな基本的な所から直していかないといけないですね。ついでに言いますと、日本人の間ではキャンプ座間でゴルフをするのはステータスらしく、色々な日本人から散々誘われました。自分がホストになればキャンプ座間でゴルフができますから。自分はゴルフできないので、全部お断りしました（笑）。

総兵力を4分の1にする方法

現在の在日米軍は、総計4万4850名。

沖縄に2万、本土に2万5000の布陣です。

――これを縮小するのですか？

4分の1にします。総兵力1万で十二分です。

――どこから行きますか？

米陸軍2500人。これは、本当に必要なのは、三沢の情報部隊300人だけです。座間キャンプの憲兵部隊は進駐軍の名残りみたいなものですので、現代ではまったく必要ありません。沖縄のトリイステーションの特殊部隊第1／1SFGも、何も

防空レーダーの目潰しを担当するEA-18G電子戦攻撃機

沖縄である必要はまったくありません。

——在日米陸軍2200人削減して、撤退。

残り、300人。

次に米海兵隊です。総計1万4951人。そのうち沖縄には、1万人います。

——これは？

朝鮮半島の最前線に行ってもらいます。済州島に1万。フィリピンのスービック湾に、残り5000。

揚陸艦隊は、釜山とスービック湾に移動ですね。

岩国飛行場の海兵隊飛行隊は、韓国とフィリピンに分散配置です。

沖縄基地問題解決への道筋

——海兵隊が日本にいなくなると、普天間基地と、今、大騒ぎで建設中の辺野古基地は？

普天間は廃止、辺野古は自衛隊でお使いください。

——えっ、そんなこと言ってもですね。

まー、日本が自主的に作ってくれるのはありがたいですが、縮小となると必要ないですから。

——米軍はいつでも合理的……。

はい。米海兵隊の敵は、昔はソ連、今は、中国です。

第一撃で全滅する可能性の高い沖縄に海兵隊がいても、無駄です。

——あの、気合の入った大隊長の「5m間隔で行動しろ」は兵の基本ですね。

そうです。安全な間隔で、分散して、中国の第一撃から生存する必要があります。

——米空軍は？

1万2490人います。本土から来るアメリカ軍のためにハブ機能のある空軍基地

実弾射撃訓練を行う在韓国アメリカ陸軍の自走榴弾砲部隊

は必要ですが、これは、すべて、空自に任せます。だから、連絡官（ALO〈Air force Liaison Officer〉）と最低必要な人材だけ、横田に置きます。

——三沢の北朝鮮爆撃用のF－16部隊は？

撤退します。その代わり、空自の部隊に、半島有事に北朝鮮の爆撃をお願いします。

——えっ、日本が朝鮮戦争に行くでありますか？

日米同盟ですから。

——嘉手納基地のF－15戦闘機部隊は？

削減に伴って撤退します。ここの敵地

板門店を視察する米陸軍参謀長（手前）と記録写真を撮る北朝鮮兵

爆撃作戦の時の制空は空自にお願いします。

――ここから、北朝鮮に出撃するでありますね。

そうです。

――すると、沖縄米軍は、ゼロ人であります。沖縄基地問題は自動的に解決します。沖縄県民の過重な負担はゼロになります。横須賀と厚木の米海軍第７艦隊は？

在日海軍は、６７６６人。これは、そのままです。

――すると、陸軍３００人足して、合計７０６６人。

海兵隊と空軍の連絡部隊がいります。

８０００人というところです。

――縮小完了。すると、人員か４分の１になれば、年間１兆円の在日米軍経費は、２５００億円。すると、思いやり予算で、やりくりできませんか？

可能性はあります。良かったじゃないですか。

基地施設の使い道

――在日米軍が撤退にしろ、削減にしろ、残った基地施設は、どうなるんですか？

米軍ですから、仮に総司令官がトランプ大統領となれば、ＰＬ、プロフィット＆ロス。利益と損失で考えてきますね。

――どんな考えですか？

米軍に利益が多く、損失を少なくします。だから、仮に全面撤退でも残すべきものは残します。

――中身空っぽでも、殻は残すんですか？

まず、佐世保の強襲揚陸艦関連の港湾施設は残します。

――残しますって、どうなるんですか？

アメリカ空軍三沢基地象のオリ

簡単に言うと、「基地に米兵はいないけど、いつでも米軍が帰ってきたら、使えるように機能だけは残しておけよ」ですね。あと日本に新設する揚陸部隊が普段は使用しておけばいいでしょう。

――それって、ワンルームマンションの引っ越しっていうより、ホテルのチェックアウトに近いですね。

そういう感覚に近いかもしれません。

――削減とか、撤退というより、「いつでも、大統領命令があれば、戻って来てやるから、横須賀と佐世保の艦隊整備施設はいつでも使えるように、お前らに1年、いくらで貸してやるよ。そこの従業員の給料も思いやり予算から払っておいてな。まっ、帰ってくるからさ」って、感じ。これは酷い話ではないですか？

そんなことはないと思います。日本には良い話ですよ、きっと。

――なんか、騙されているような……。

それから、三沢基地の近くのレーダー施設です。

――その車力分屯地のレーダーの他に、京都府京丹後市の米軍経ヶ岬《きょうがみさき》通信所がありますよ。ここは、高高度防衛ミサイルＴＨＡＡＤのエックスバンドレーダー（ＡＮ／ＴＰＹ２）が設置されていますよ。

そこもですね。米韓日同盟の要になりますね。いいじゃないですか。

両施設とも、日本人は立ち入り禁止ですが。

――そんな、「車力分屯地と経ヶ岬通信所のレーダー基地は中に入れないけど、維持と電気代よろしくね」そんなのありですか？

ありです。入れないのは意地悪して入れないのではなく、セキュリティクリアランスがないと入れないのです。これはたとえ米国人でもそうです。だから気を悪くしないでください。

――『空っぽになっても、俺ら、米軍はいつでも戻ってくるからね、日米同盟じゃな

いか!!』日本は納得して、『OK』となるんですか？

そうですよ。

——何か、変な感じですね。

水と安全と在日米軍はタダと思っているからですよ。

——米中大戦争の戦場に日本がなった時に、日本が再び、放射能と化学兵器に汚染された焦土となっても、米軍の二つのレーダー基地と、横須賀、佐世保の港湾施設と数個の飛行場が使えればいいんですよね？

そこまでは言いませんが……本当にすみません、勝手な国で。ですが米国が自己中心的なのと、日本の自立は全く別問題と自分は考えています。

——これは、第二の開国は日本自身でやらないと駄目ですね。

そういうことです。

──第二の開国。これ、やらないと、日本は滅亡か、中国の屈辱の自治区になるわけですね。

そうですよ。じゃあここでちょっと本音の本音を言っていいですか。

──どうぞ。

自衛隊というか日本国民、国家に対して言いたいんですが、「お前ら腑抜けと腰抜けを70年やっていて情けなくねえのか！　ここらでいい加減シャキッとしろ！　いつまでもドラえもんに頼っているのび太のままでいるのか！　お前らの国、お前ら自身の未来をもっと真剣に考えろ！　そしててめえらの国土と安全はてめえら自身で守ってみろ！」とね。

──そんなこと、仰ってもですね……。

だから「本当にいい加減にしないと、のび太以下で終わっちまうぞ」とね。

21世紀のサムライ、陸上自衛隊西部方面普通科連隊

——どーするんですか？

のび太（日本）が自立するには、ドラえもん（在日米軍）をなくすしかありません。自立して、男として、日本国民として、武士の国家として、何をやるにしても立ち上がってちゃんと戦って欲しいです。

——また、どこかを奇襲するのですか？

だから、戦って欲しいというのは戦争をやれということじゃないです。すべてにおいて、「ここらでのび太をやめて自立しろ」と言いたいですね。

情けなくないですか？

——それは、情けないですよ。今回のインタビュー取材でも、何度も

泣きましたから。

日本人の持つ、武士の矜持《きょうじ》を忘れないで下さい。日本は、侍の国なのですから。

本文写真／柿谷哲也
ＵＳＤＯＤ、ＵＳＮ、ＵＳＡＦ、ＵＳＭＣ
図表製作・リサーチャー／中村美咲
（製作に当たっては、すべてネット上に発表されているデータを使用しました）

飯柴智亮

1973年、東京都生まれ。元アメリカ陸軍大尉、軍事コンサルタント。16歳で渡豪、米軍に入隊するため19歳で渡米。北ミシガン州立大に入学し、士官候補生コースの訓練を修了。1999年に永住権を得て米陸軍入隊。2002年よりアフガニスタンにおける「不朽の自由作戦」に参加。2003年、米国市民権を取得して2004年に少尉に任官。2006年中尉、2008年大尉に昇進。S2情報担当将校として活躍。日米合同演習では連絡将校として自衛隊との折衝にあたる。2009年除隊。2011年アラバマ州トロイ大学大学院にて国際政治学・国家安全保障分野の修士号を取得。著書に『2020年日本から米軍はいなくなる』(＋α新書)がある。

小峯隆生

1959年、兵庫県生まれ。編集者、作家。筑波大学非常勤講師、同大学ネットコミュニティ研究グループ所属。

講談社＋α《プラスアルファ》新書　668-2 C

金《かね》の切《き》れ目《め》で　日本《にほん》から本当《ほんとう》に米軍《べいぐん》はいなくなる

飯柴智亮《いいしばともあき》 ©Tomoaki Iishiba 2016
小峯隆生《こみねたかお》 ©Takao Komine 2016

2016年9月20日第1刷発行

発行者――――鈴木 哲
発行所――――株式会社 講談社
東京都文京区音羽2-12-21 〒112-8001
電話 編集(03)5395-3522
販売(03)5395-4415
業務(03)5395-3615

写真――――柿谷哲也
デザイン――――鈴木成一デザイン室
カバー印刷――――共同印刷株式会社
印刷――――慶昌堂印刷株式会社
製本――――株式会社若林製本工場
本文図版――――朝日メディアインターナショナル株式会社

定価はカバーに表示してあります。
落丁本·乱丁本は購入書店名を明記のうえ、小社業務あてにお送りください。
送料は小社負担にてお取り替えします。
なお、この本の内容についてのお問い合わせは第一事業局企画部「＋α新書」あてにお願いいたします。

Printed in Japan
ISBN978-4-06-272962-8